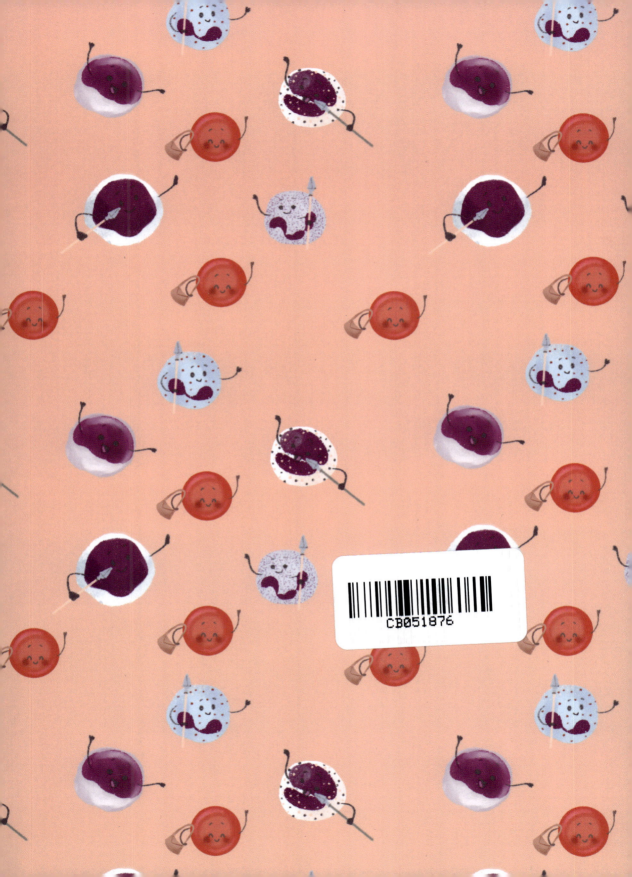

O Fantástico Reino do Corpo Humano

Dra. Julieta Molina Batista

Ilustrações de
Mariana H. R. Ostanik

Sobre a Autora

Dra. Julieta Molina Batista nasceu em Bauru, Brasil, em 1985. Desde pequena, sonhava em ser médica; no entanto, a vida deu algumas voltas antes de esse sonho se realizar. Ela formou-se em Gastronomia pelo SENAC de Águas de São Pedro, especializou-se em *cake designer*, pelo The French Culinary Institute, em Nova York. Trabalhou na área como *chef* e *cake designer* por 12 anos, quando retomou o caminho para realizar seu sonho de ser médica. Aos 27 anos, foi aprovada no vestibular para o curso de Medicina na Universidade de Ribeirão Preto. Por motivos familiares, teve que transferir sua faculdade para São Paulo, onde se formou em 2020, pela Universidade Anhembi Morumbi.

Ela nunca imaginou que fosse capaz de escrever um livro, mas durante a faculdade, quanto mais se encantava com o corpo humano, mais aumentava o seu desejo de que todo aquele conhecimento tivesse entrado em sua vida mais cedo.

Ela, então, dedicou parte de seu tempo para escrever esta obra infantil, com o objetivo de levar para todas as crianças, de forma muito lúdica, o quão incrível é o corpo humano.

Sobre a Ilustradora

Mariana H. R. Ostanik nasceu em Bauru, São Paulo, Brasil, em 1988. Licenciou-se em *Design* Gráfico pela Faculdade de Artes, Arquitetura e Comunicação (FAAC) da Unesp Bauru, onde descobriu sua paixão pela ilustração.

Atualmente, vive na cidade do Porto, em Portugal, com seu marido e seus gatinhos, que são grandes inspirações para seu trabalho. Além de ilustradora, é *designer* editorial, trabalhando especialmente para o público infantil.

Sua citação favorita é:
"Sua tarefa é descobrir o seu trabalho e, então, com todo o coração, dedicar-se a ele." (Buda)

Créditos

Texturas e imagens vetoriais por Freepik.

EDITORA ATHENEU

São Paulo — Rua Maria Paula, 123 – 18º andar
Tel.: (11) 2858-8750
E-mail: atheneu@atheneu.com.br

Rio de Janeiro — Rua Bambina, 74
Tel.: (21) 3094-1295
E-mail: atheneu@atheneu.com.br

PRODUÇÃO EDITORIAL: Equipe Atheneu
CAPA: Mariana H. R. Ostanik
DIAGRAMAÇÃO: Mariana H. R. Ostanik
ILUSTRAÇÃO: Mariana H. R. Ostanik

**CIP-BRASIL. CATALOGAÇÃO NA PUBLICAÇÃO
SINDICATO NACIONAL DOS EDITORES DE LIVROS, RJ**

B337f

    Batista, Julieta Molina
      O fantástico reino do corpo humano / Julieta Molina Batista ; ilustração Mariana H. R. Ostanik. - 1. ed. - Rio de Janeiro : Atheneu Mirim, 2022.
      il. ; 24 cm.

    ISBN 978-65-5586-466-3

    1. Corpo humano - Literatura infantojuvenil. I. Ostanik, Mariana H. R. II. Título.

21-74850   CDD: 612
                             CDU: 612

Camila Donis Hartmann - Bibliotecária - CRB-7/6472

02/12/2021   06/12/2021

BATISTA, J. M.
O Fantástico Reino do Corpo Humano

© Direitos reservados à EDITORA ATHENEU – Rio de Janeiro, São Paulo, 2022

Agradecimentos

A Deus, que desenvolveu com imensa perfeição esta máquina maravilhosa que é o nosso corpo.

Aos meus pais, Suzete e Reinaldo, que sempre estiveram ao meu lado sendo meu alicerce, me sustentando a cada fase da minha vida; Aos meus filhotes de quatro patas, Pelota e Paçoca.

Ao Dr. Fábio Y. Moraes, meu irmão de alma, que revisou com tanto carinho esta obra quando eu era estudante de Medicina.

Ao doutor Fernando Spagnoulo, que, além de me ensinar Medicina, nunca me deixou esquecer de ser humana ao tocar outra alma humana.

Aos meus amigos, Dr. Daniel Carvalho, Dra. Juliana Mafra, Dra. Marcella Marques de Oliveira e Dra. Tatiane Cunha, que leram e releram as histórias comigo na faculdade e me apoiaram desde o início.

 **A todos, minha eterna gratidão!**

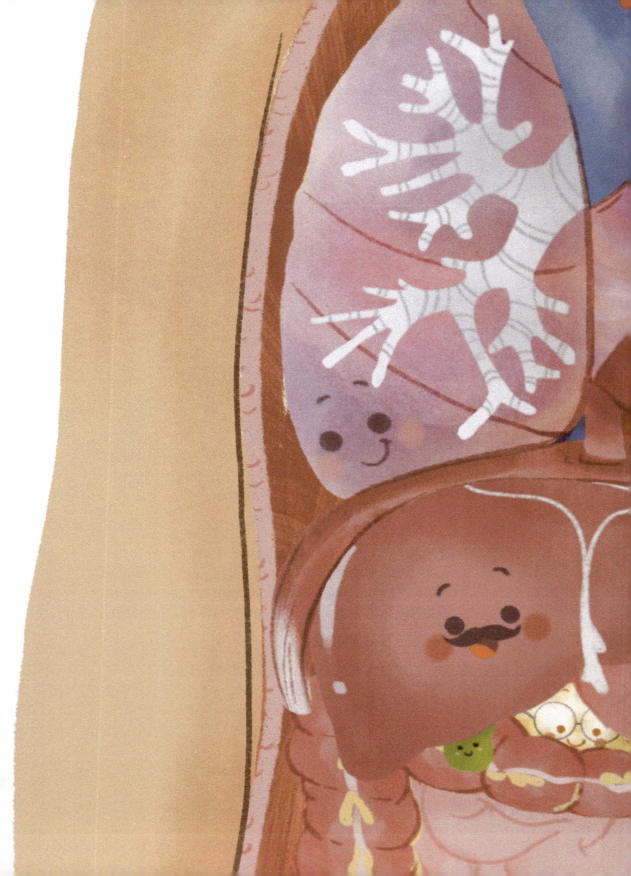

Apresentação

Neste livro, vamos contar as histórias que acontecem todos os dias em um reino não tão distante.

Na verdade, se trata de um reino muito próximo de nós: o nosso corpo!

Para isso, teremos que viajar para dentro dessa máquina incrível e conhecer de perto os principais personagens desta história: os nossos órgãos.

Assim, conseguiremos mergulhar nas aventuras e confusões pelas quais eles passam todos os dias.

Boa viagem!

Sumário

I – O Reino, 16

II – O Reino e o Mundo, 17

III – A Estrutura do Reino, 19
    a. A Proteção, 21
- A Pele, 22
- Os Glóbulos Brancos ou Leucócitos, 24

    b. A Sustentação, 27
- Os Ossos, 28
- Os Músculos, 30
- O Diafragma, 33

    c. A Comunicação, 35
- Os Vasos Sanguíneos, 37
- O Sangue, 38
- Os Nervos, 39
- O Esôfago e a Traqueia, 41

IV – Os Moradores do Reino, 43
- O Sr. Cérebro, 44
- Os Irmãos Olhos, 45
- As Amigas Orelhas, 46
- O Tímido Nariz, 47
- A Dona Língua, 48
- O Sr. Fígado, 50
- A Pequena Vesícula, 51
- O Mago Pâncreas, 52
- O Fofo do Baço, 53
- O *Chef* Estômago, 55
- A Marmitaria do Sr. Delgado, 56
- O Lixão do Sr. Grosso, 57
- Os Pulmões Guardiões, 59
- O Sr. Coração, 60
- Os Rins Filtradores, 62
- A Dona Bexiga, 63

V – As Grandes Aventuras, 65
- A Importante Missão da Pequena Hemácia, 68
- O Sonho do Sr. Cérebro, 99
- A Incrível Aventura do Grão de Milho, 106
- A Bexiga Que Não Era Cheia de Ar, 126

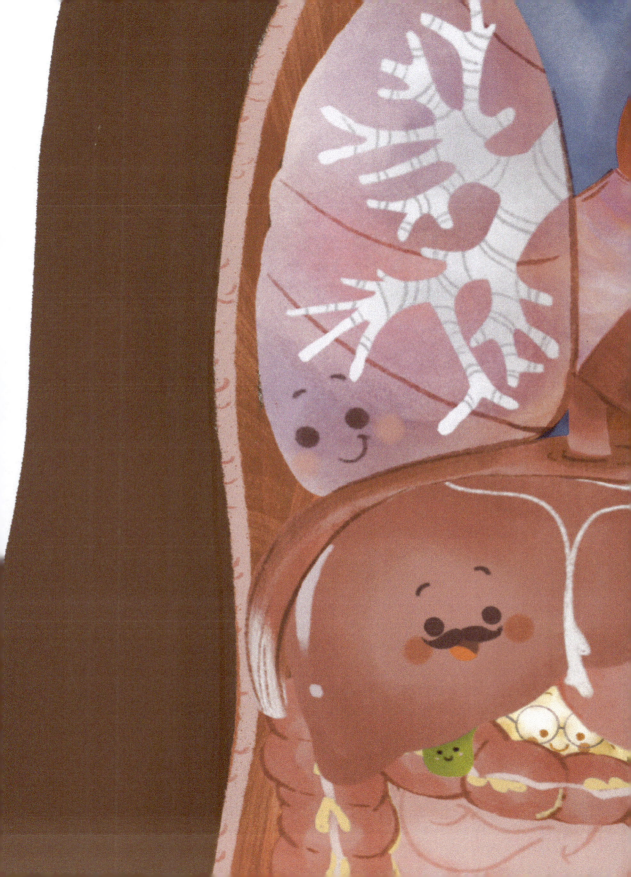

O Reino

O nosso corpo é como se fosse um pequeno Reino. Sim, como nos contos de fada!

É um lugar encantado e mágico, onde todos os moradores trabalham juntos para que ele seja um lugar perfeito de se morar!

Alguns desses moradores vemos diariamente quando nos olhamos no espelho, como os Olhos, a Boca, a Pele, as Mãos, os Pés e muitos outros de que vamos falar nesta história.

Existem outros que ficam escondidos, mas nem por isso são menos importantes, como o Cérebro, o Estômago, o Coração, os Pulmões, o Sangue e os Ossos.

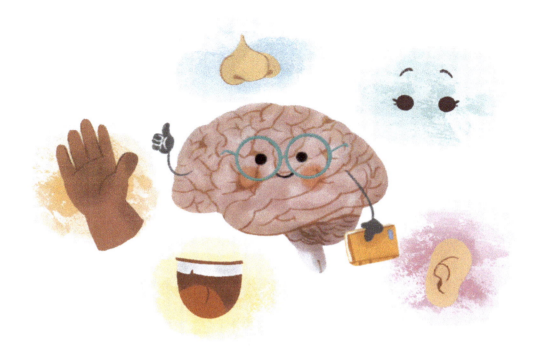

O Reino e o Mundo

Para que esse Reino não ficasse isolado do mundo ao seu redor e para que seus moradores soubessem o que está acontecendo do lado de fora, foram dadas funções especiais para alguns dos moradores.

Foram criadas cinco funções, chamadas de sentidos.

Os cinco sentidos são:
• Visão
• Audição
• Tato
• Paladar
• Olfato

Vamos conhecê-los quando falarmos quem é o morador responsável por cada um deles.

A Estrutura do Reino

Para que o dia a dia nesse Reino fosse muito tranquilo e seus moradores sempre estivessem felizes, foi preciso criar alguns sistemas especializados de:

- Proteção
- Sustentação
- Comunicação

Vamos conhecê-los?

A Proteção

A Pele

A Pele é como se fosse um muro gigantesco que protege todo o Reino! Ela cuida da segurança de todos os moradores, e não deixa que nenhum invasor entre e machuque alguém. Ela é muito grande e, conforme crescemos, ela estica e cresce junto com a gente! É nela que nossos pelos ficam presos e por onde saem as gotas de suor quando corremos. Ela é mais grossa nas mãos e nos pés para nos proteger melhor. E por ser o maior órgão do corpo ganhou uma função especial: o Tato. Que faz com que sintamos cócegas, dor, o calor ou o frio!

Vamos sentir as diferenças da pele no nosso corpo?

Veja a pele do seu braço. Ela é fina e tem pelos, certo?

Agora veja a pele da palma das suas mãos e da sola dos pés. Ela é mais grossa e não tem pelos.

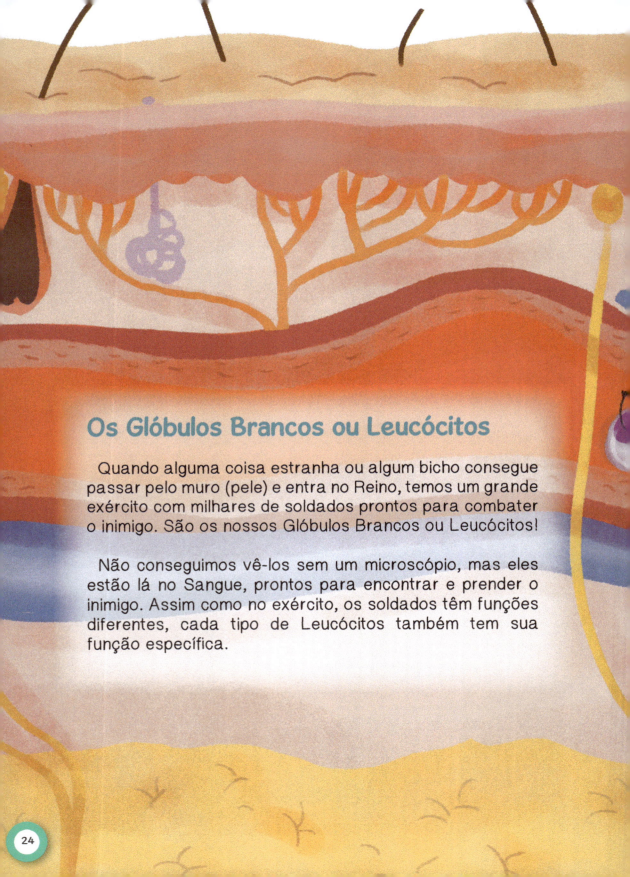

Os Glóbulos Brancos ou Leucócitos

Quando alguma coisa estranha ou algum bicho consegue passar pelo muro (pele) e entra no Reino, temos um grande exército com milhares de soldados prontos para combater o inimigo. São os nossos Glóbulos Brancos ou Leucócitos!

Não conseguimos vê-los sem um microscópio, mas eles estão lá no Sangue, prontos para encontrar e prender o inimigo. Assim como no exército, os soldados têm funções diferentes, cada tipo de Leucócitos também tem sua função específica.

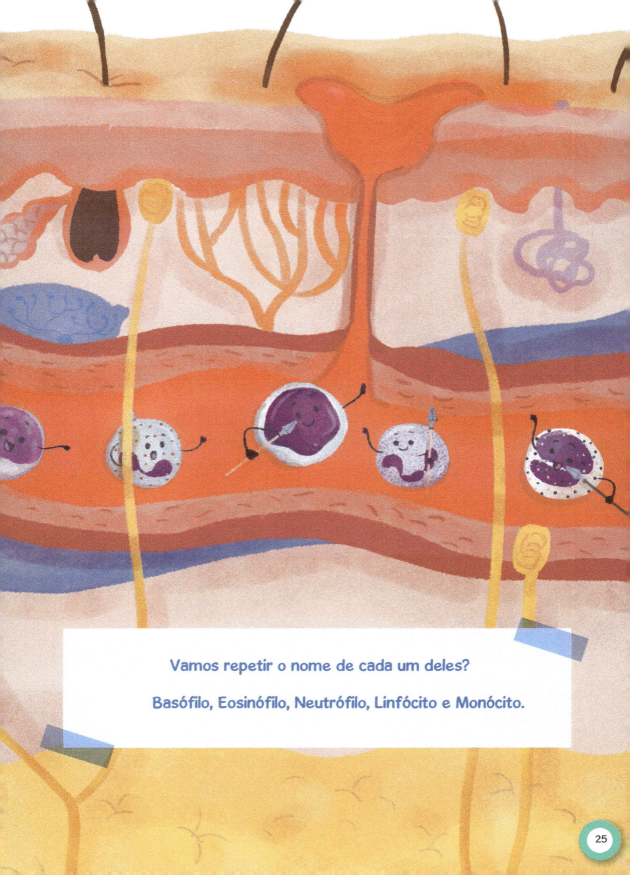

Vamos repetir o nome de cada um deles?

Basófilo, Eosinófilo, Neutrófilo, Linfócito e Monócito.

Os Ossos

Os ossos são os tijolos do Reino. Eles dão forma e sustentação ao nosso corpo. Se eles não existissem, nosso corpo seria mole como gelatina! Eles também protegem a maioria dos moradores do Reino que moram escondidos e que não conseguimos ver no espelho. Lembra que falei deles? Isso porque eles são mais moles e podem se machucar facilmente.

Quando todos os ossos estão juntos, formam o esqueleto, que nos ajuda a fazer os movimentos.

Vamos sentir nossos ossos?
Aperte um dedo seu.

Sentiu a parte dura? É um osso!

Vamos encontrar outros? Quais mais você encontrou?

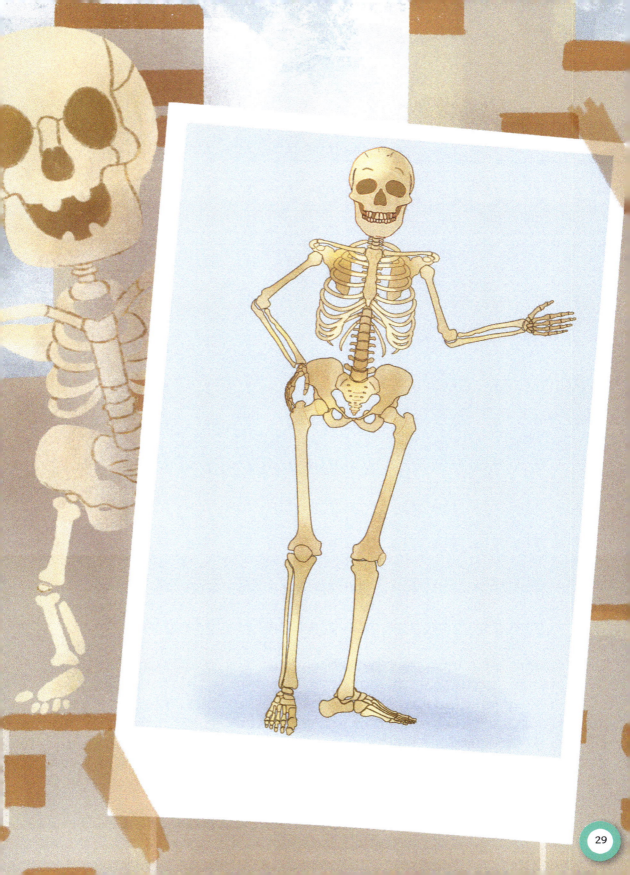

Os Músculos

Os Músculos são os moradores mais fortes do Reino. São formados por vários atletas que passam todo o tempo fazendo com que a gente consiga ficar em pé e movimentar os ossos junto com eles. Esses pequenos atletas passam o dia brincando de cabo de guerra. Quando precisamos fazer força (contraindo os músculos), os atletas, que são chamados Miosinas, puxam suas cordas, chamadas Actinas. E, quando dormimos e relaxamos, eles também relaxam e soltam suas cordas! Cada músculo tem milhares desses atletas com suas cordas. Mas, como eles são muito pequenos, a gente só consegue vê-los e senti-los quando eles estão trabalhando juntos.

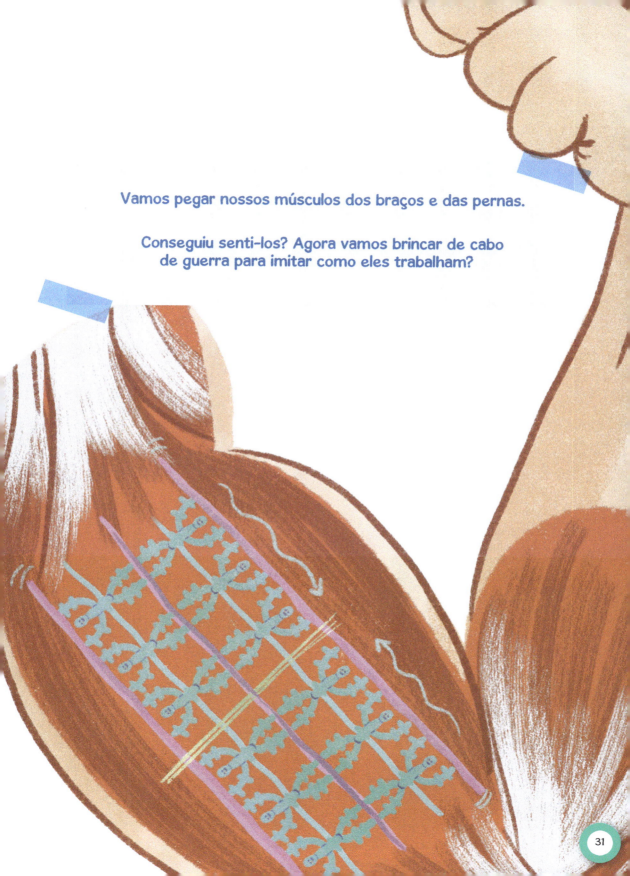

Vamos pegar nossos músculos dos braços e das pernas.

Conseguiu senti-los? Agora vamos brincar de cabo de guerra para imitar como eles trabalham?

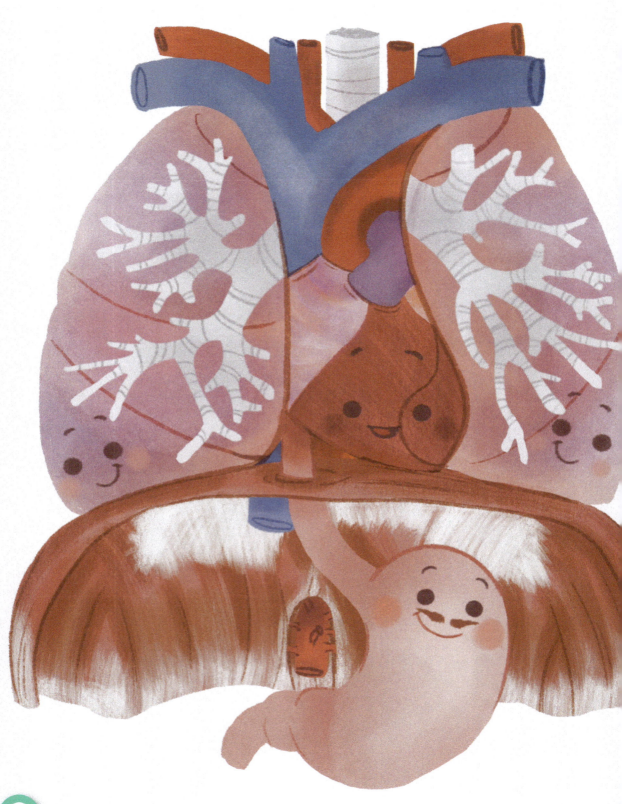

O Diafragma

O Diafragma é um músculo especial. Ele tem uma responsabilidade diferente da dos outros músculos. Na verdade, ele tem duas responsabilidades:

1- Dividir o Reino em duas partes. Como se fosse um muro interno, ele separa as casas dos moradores da parte alta do Reino, que ficam embaixo das nossas costelas (tórax), das casas dos moradores que moram na parte baixa dele, na nossa barriga (abdômen).

2- Ajudar na respiração. Ele facilita a entrada do ar no Reino quando respiramos. Missão muito importante!

Vamos ver o Diafragma funcionar?
Respire bem fundo e encha o peito com ar.

Você viu como seu tórax aumentou de tamanho?
É seu Diafragma que está ajudando
a fazer isso!

A Comunicação

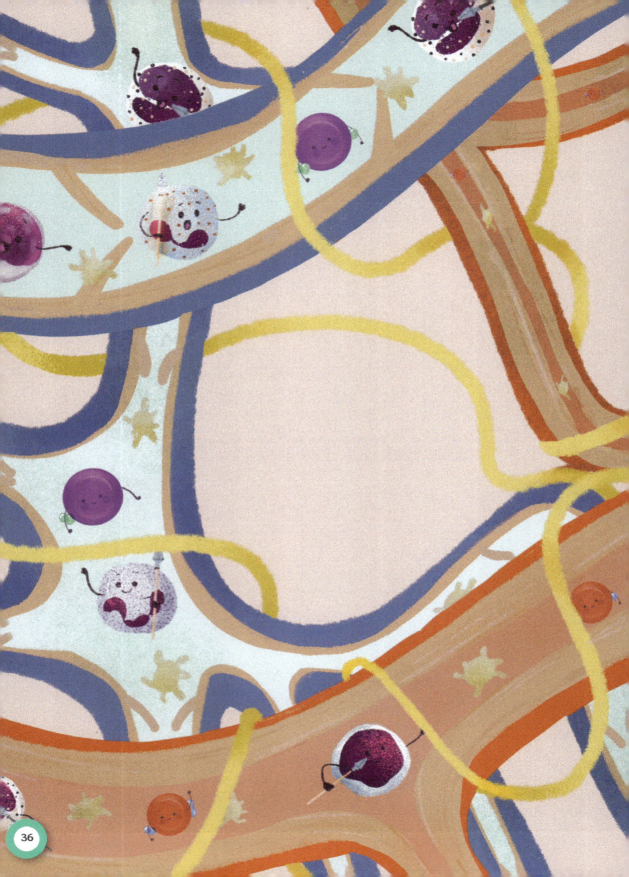

Os Vasos Sanguíneos

Os Vasos são as estradas do Reino. Eles fazem a comunicação por todo o corpo, do topo da cabeça até o dedinho do pé. Por eles, chegam as encomendas dos moradores, como a comida, a energia e o ar. Além disso, é por eles que o exército de Glóbulos Brancos faz sua patrulha. Tudo isso para que os moradores sempre estejam satisfeitos. Depois que as entregas são feitas, é pelos Vasos que o lixo que cada um produziu e produtos que algum morador tenha feito para ser entregue a outro são levados embora. Essas estradas, em vez de asfalto, têm Sangue.

As estradas que saem do Coração são as Artérias, e as que chegam nele são as Veias. As Artérias pulsam muito forte, por isso conseguimos senti-las.

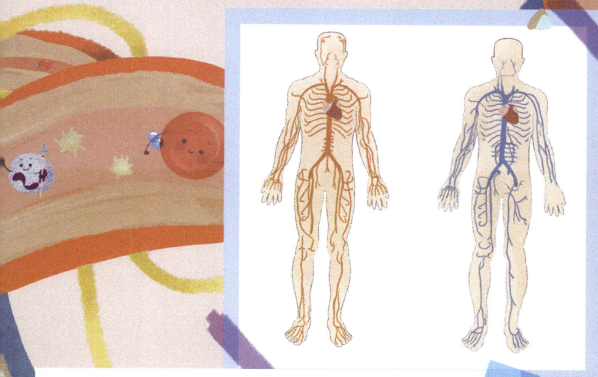

Vamos tentar sentir a pulsação de uma delas? Coloque o dedo indicador e o dedo do meio dois dedos abaixo do punho na direção do Dedão. Está sentindo? Essa é a Artéria Radial.

O Sangue

O Sangue é o líquido grudento e vermelho que fica dentro dos Vasos. É como se ele fosse o asfalto dessas estradas. Ele permite que tudo chegue ao seu destino: as encomendas, o exército de Glóbulos Brancos e o ar que é levado pelas bolinhas que dão a cor vermelha ao sangue: as Hemácias. Além disso, ele tem uma função muito importante.

Quando há algum acidente e a pele é cortada, o Sangue sai das estradas e todos são prejudicados! Para que isso não aconteça, quando ele jorra para fora da pele, ele mesmo começa a criar uma casquinha para que o sangramento pare: é a Coagulação feita pelas Plaquetas, células bem pequenas do sangue que formam uma barreira provisória até que a pele sare. Isso também evita que bichos entrem no Reino! Quando a pele sara, a casquinha cai.

Você já se cortou? Formou uma casquinha? Você ainda tem alguma casquinha de machucado?

Essa casquinha é formada por todas as células do sangue: hemácias, glóbulos brancos e plaquetas!

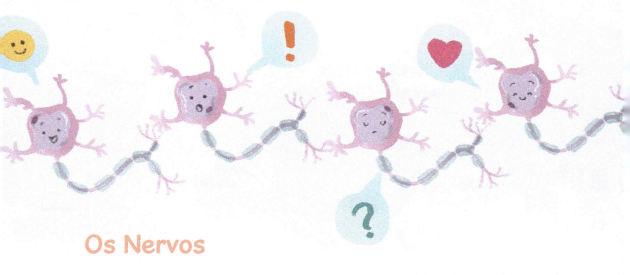

Os Nervos

Os Nervos são formados por vários agentes secretos, os Neurônios. Cada um deles tem um corpo e uma cauda chamada Axônio. Os Neurônios são responsáveis por investigar o que acontece em cada canto do Reino.

Eles sabem tudo de todos e fazem com que todas essas informações cheguem ao cérebro, que é o chefe deles. Para que ninguém perceba que estão passando essas informações secretas, eles usam um meio muito antigo e seguro de comunicação, o telefone sem fio, em que um conta para o outro o segredo até que este chegue ao chefão!

Vamos brincar de telefone sem fio? Quem serão os Neurônios? E o Cérebro? Agora que já decidiram, o primeiro Neurônio fala uma frase para o segundo Neurônio. A mensagem tem que chegar ao Cérebro como foi dita pelo primeiro Neurônio. Vamos ver se dá certo.

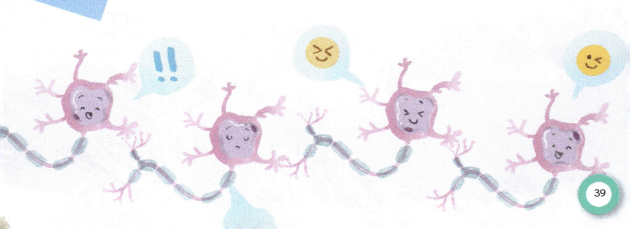

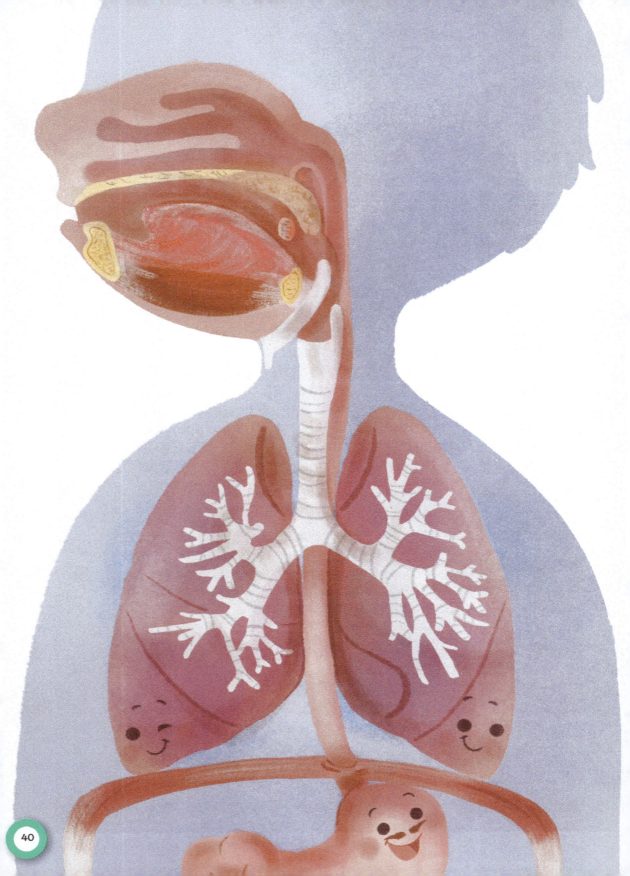

O Esôfago e a Traqueia

O Esôfago e a Traqueia são dois grandes túneis que levam coisas do mundo externo para dentro do Reino! Mas esses túneis são feitos para a passagem de coisas diferentes.

O Esôfago é o túnel que liga a Boca ao Estômago. Por ele, passam os alimentos que comemos e os líquidos que bebemos.

A Traqueia é o túnel que liga o Nariz aos Pulmões! Por ela só passa o ar que respiramos.

Então, para que nada entre pelo túnel errado, existe uma porta que se fecha sempre que alimentos ou bebidas entram. Isso para que eles não cheguem ao pulmão. Essa portinha se chama Epiglote.

Sabe como sabemos se alguma coisa passou pelo túnel errado?
Se engasgamos, a comida tentou passar pela Traqueia.
Se arrotamos, o ar entrou pelo esôfago.
Quem aqui já arrotou ou engasgou?

Os Moradores do Reino

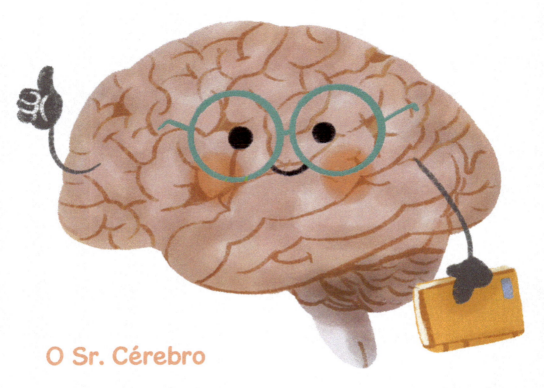

O Sr. Cérebro

O Sr. Cérebro é um morador muito importante. Ele cuida da organização do Reino e sempre sabe o que cada um deve fazer a cada minuto do dia. Então, se alguém estiver com alguma dúvida, já sabe para quem pedir ajuda.

Ah! Já ia me esquecendo: é ele quem coordena os cinco Sentidos. Você se lembra deles? O Sr. Cérebro guarda todas as lembranças, as memórias e os conhecimentos, e ainda cria os sonhos!

Que tal se comunicar com o Sr. Cérebro? O que você comeu hoje no almoço? Você lembra?

Se sim, ele está lhe respondendo! Você sonhou essa noite? Se sim, ele estendeu o expediente!

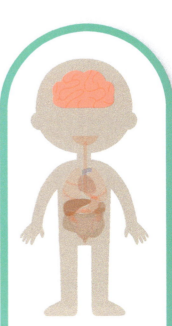

Os Irmãos Olhos

Os Olhos são as duas bolinhas que estão no nosso rosto. Eles têm uma função grandiosa! São guardiões que cuidam de todos.

Como ficam lá no alto, veem tudo o que está do lado de fora do Reino. Assim, conseguem avisar todos sobre perigos ou mesmo sobre coisas boas que estejam acontecendo!

Por isso, ficaram com uma das cinco funções especiais: a Visão.

Vamos falar " Oi " para esses irmãos? Levante seu dedo na frente dos seus olhos. Leve seu dedo para cima e para baixo.

Sem mexer a cabeça, você continua vendo seus dedos? Então seus olhos guardiões estão muito atentos!

As Amigas Orelhas

O Reino é um lugar muito importante e deve estar sempre seguro. Por isso, os irmãos Olhos acharam melhor dividir sua responsabilidade de cuidar de toda a segurança.

Convidaram as amigas Orelhas para ajudá-los; pois, quando estão ocupados vendo alguma coisa, elas podem ouvir algo de errado que esteja longe do alcance deles. E essa é uma amizade que deu muito certo.

Por isso, elas também ganharam uma das funções especiais: a Audição.

Vamos nos comunicar com as Amigas Orelhas? Vire o rosto para um lado. Agora, peça para quem estiver com você fazer um barulho do lado para onde você não está olhando! Você Ouviu? São as amigas Orelhas em ação!

O Tímido Nariz

Ele fica próximo dos irmãos Olhos! É um cara meio tímido, que não gosta de falar muito. Mas é especialista em cheiros. Pode sentir de longe quando o pão está saindo do forno na padaria ou sentir o cheiro de terra molhada depois que chove, porque ele tem duas portas que deixam todos os cheiros que estão fora do Reino entrar! Por isso, aceitou timidamente uma função especial: o Olfato!

Além disso, ele é responsável por receber o ar que vai entrar no corpo na inspiração e por falar "tchau" para o ar quando ele sai do corpo na expiração.

Quando o ar chega, o Nariz explica como será o caminho dele pelo Reino, faz a limpeza do ar para que nenhuma sujeira entre com ele. E também esquenta o ar, para que o Sr. Pulmão não pegue um resfriado!

Vamos ver se nosso amigo Nariz está bem? Você está sentindo algum cheiro diferente? Feche os olhos e tente descobrir quais são esses cheiros. Conseguiu? Então, ele está trabalhando muito bem.

A Dona Língua

A Dona Língua vive dentro da boca, que é a porta de entrada do Reino para os alimentos! Ela ajuda os dentes a quebrar os alimentos em pedaços menores, para que depois todos os moradores consigam se alimentar.

E também é quem sente o sabor das coisas. Sabe aquele bolo de chocolate que você adora? É ela quem faz você sentir o gosto. Por isso, ela ganhou a última das funções especiais: o Paladar.

Outra coisa muito importante: ela nos ajuda a falar, sem ela, isso seria impossível!

Vamos falar "Oi" para ela? Coloque a Dona Língua para fora, agora tente falar seu nome. Conseguiu? Fica difícil, né? Agora coloque a Dona Língua dentro da boca e tente falar de novo. Agora sim, a Dona Língua está trabalhando!

O Sr. Fígado

O Sr. Fígado é um cara bem grande que fica embaixo das nossas costelas do lado direito do corpo. Ele é o dono do grande armazém do Reino. Ele é muito bom, pois não cobra nada de ninguém. Quando algum morador está precisando de energia, o Fígado a retira do estoque da sua grande loja e a manda para o morador pelas estradas, com a ajuda do Sangue. Quando há muita energia ou comida circulando pelo Reino, ele as guarda em seu estoque para que nada se estrague e não haja desperdício. Ele também recolhe as sujeiras do Sangue que vêm do intestino. Além disso, faz o suco verde que o intestino adora e que ajuda a quebrar as gorduras que comemos. Esse suco se chama Bile.

Quem aqui já ajudou guardar as compras quando chegam do mercado? É isso que o Sr. Fígado faz quando guarda a comida e a energia.

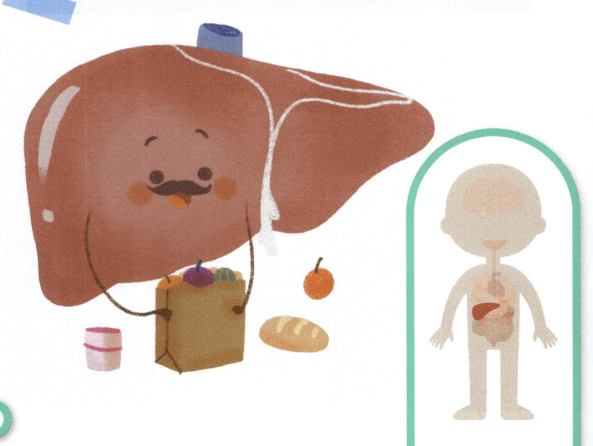

A Pequena Vesícula

A pequena Vesícula é a melhor amiga do Fígado. Ela o ajuda a guardar o suco que ele faz para o Intestino: a Bile. Isso porque nem sempre que o Fígado produz o suco, o intestino está precisando. Então, ela o guarda para quando for preciso. O problema é quando o Sr. Fígado erra na receita. Daí, o suco fica tão grosso que chega a formar pedras! E essas pedras entopem a pequena Vesícula. Daí é uma bagunça em todo o Reino, pois tudo fica meio esverdeado.

Quem aqui tem um melhor amigo com quem sabe que pode contar para qualquer coisa, igual o Fígado e a pequena Vesícula? Quando você vir esse amigo, se lembre de lhe falar o quanto ele é importante pra você.

O Mago Pâncreas

O Pâncreas é o mago do Reino! Ele é o responsável por criar várias poções mágicas que ajudam os outros moradores. Ele tem duas poções muito importantes. O Suco Pancreático, que vai ajudar o Fígado a quebrar as gorduras quando elas estão no intestino, e a superpoção chamada Insulina, que consegue quebrar o açúcar e ajuda a guardá-lo.

Quem aqui gosta de comer doces? Quando você come muitos doces, o mago trabalha muito. Vamos aprender onde ele fica? Ele fica do lado esquerdo do armazém do Fígado e atrás do Estômago.

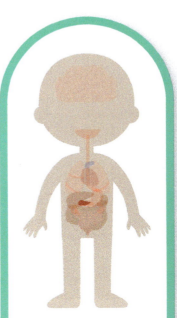

O Fofo do Baço

O Baço é o dono do asilo do Reino. Lá é o lugar para onde as hemácias mais velhas do Reino vão para descansar depois que vivem sua longa vida de 120 dias. O fofo do Baço cuida para que o asilo seja um lugar muito aconchegante para seus hóspedes. Por isso, ele é um órgão tão fofo e delicado. Esse asilo fica do lado esquerdo do Reino. E, assim como o Fígado, ele também está protegido pelas costelas.

Vamos colocar a mão em cima do Baço? Coloque sua mão esquerda na cintura, agora suba até sentir as costelas! Sentiu? Seu Baço está mais ou menos aí!

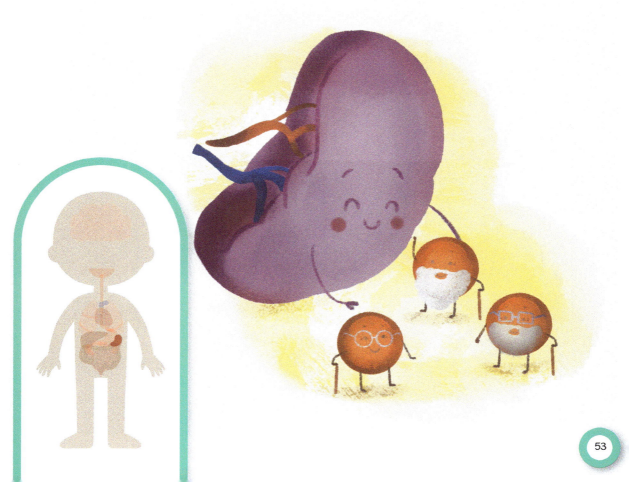

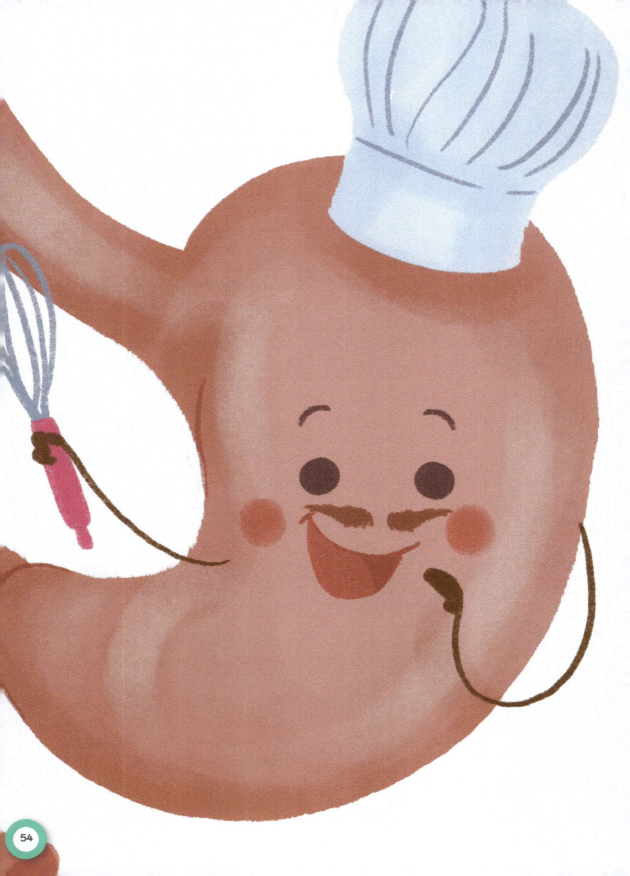

O *Chef* Estômago

O *chef* Estômago é o dono do melhor restaurante do Reino! É ele que prepara as refeições para todos os moradores, pois sabe quando todos estão com fome. Ele mistura todos os ingredientes, quebra aqueles que ainda estão em pedaços grandes, porque não foram bem mastigados pelos dentes, e amolece os alimentos! Sim, como se estivesse cozinhando; mas, em vez de usar água quente, usa um molho que produz: o Ácido Clorídrico.

Depois de preparar as refeições, ele mesmo consegue distribuir algumas marmitas. Mas quem faz a maior distribuição das marmitas é o Intestino Delgado.

Você tem alguma comida preferida? Qual é?
Você gosta de cozinhar como o *chef* Estômago?

A Marmitaria do Sr. Delgado

A Marmitaria do Sr. Delgado trabalha junto com o *Chef* Estômago. Ele que é responsável por terminar de fazer todas as marmitas do reino, e então colocá-las no sangue (nas estradas) para que assim cheguem a todos os moradores. Como ele é um tubo muito comprido, dá tempo de embalar todos os ingredientes essenciais para o reino e separar aqueles não são bons. Ou seja, além de embalar, ele separa tudo que irá para o lixão do Reino, para ser jogado para fora.

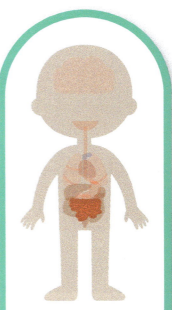

Como o Intestino Delgado é muito comprido ele é dividido em 3 partes, que é difícil de diferenciar olhando. Mas vamos aprender o nome delas?! Vamos repetir: Duodeno, Jejuno e Íleo.

O Lixão do Sr. Grosso

O lixão do Sr. Grosso não é menos importante do que o *chef* Estômago ou do que a Marmitaria do Sr. Delgado. Ele é responsável por retirar toda a sujeira que sobrou das refeições e que não foram embaladas nas marmitas. São os alimentos e nutrientes que não serviram para nenhum morador ou algum alimento que não estava tão bom. O Sr. Grosso tem várias funcionárias, as quais organizam esses restos de comida: as Bactérias da flora intestinal. Ele ainda é responsável por retirar a água que tenha ficado no meio dos alimentos e mandá-la de volta para o Reino. Porque além de a água ser muito importante, fica mais fácil para ele formar os bolinhos de lixo que vão ser jogados fora: o cocô, que será direcionado para o principal portão de saída do Reino.

Você sabe o que é o Pum? Quando o alimento é preparado no Estômago, se formam gases. Esses gases continuam dentro dos intestinos e, quando chegam ao portão de saída do Reino, saem em forma de PUM! Dependendo do que a gente come, ele pode ser bem fedorento!

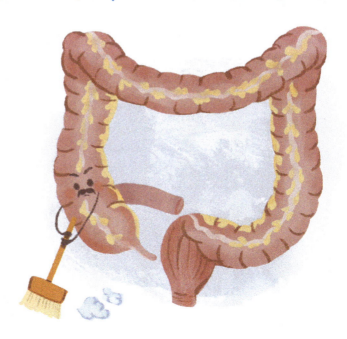

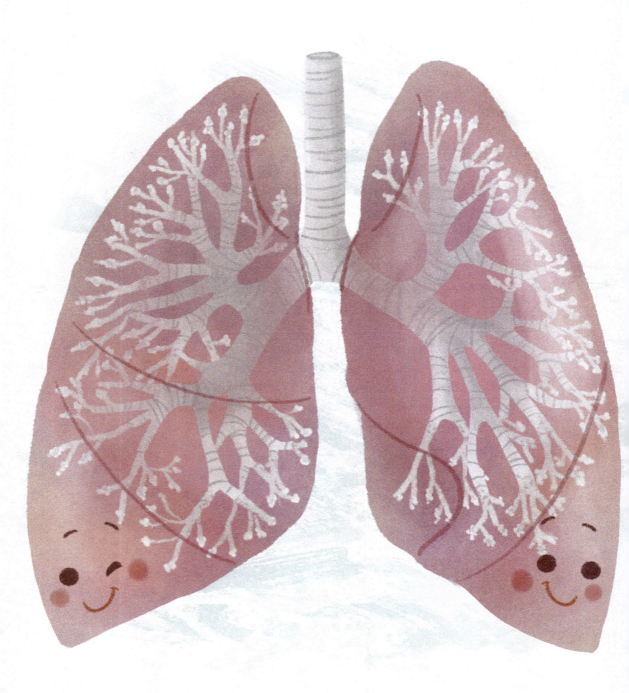

Os Pulmões Guardiões

Os Pulmões são moradores muito importantes! Eles são os guardiões responsáveis por cuidar do grande bosque do Reino. Esse bosque é formado por grandes árvores chamadas Brônquios, que têm troncos chamados Bronquíolos, que vão se ramificando e formam pequenos galhos, os Alvéolos. Esses pequenos galhos são responsáveis por purificar o ar do Reino. Eles conseguem fazer isso com a ajuda das células do sangue, as Hemácias, que levam até esses galhos o ar sujo com Gás Carbônico de todo corpo e o trocam por ar limpo, com Oxigênio, que vem de fora do Reino pela Traqueia e será levado para todo o corpo, oxigenando todos os lugares e moradores.

Quem aqui já esteve em algum bosque? Você se lembra de como eram as árvores e seus galhos? E as suas folhas? Elas funcionam mais ou menos como nossos Pulmões.

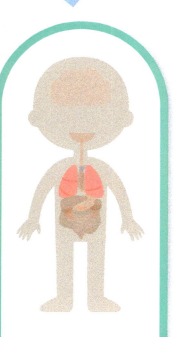

O Sr. Coração

O Sr. Coração é a bomba do Reino! É ele que mantém todos funcionando, pois bombeia o sangue que vai para todos os lugares levando ar fresco (oxigênio) e as marmitas de comida, e também ajuda na volta do ar sujo (gás carbônico) com o lixo dos moradores. Ele é um dos músculos mais importantes do Reino, mas não vive sem as ordens do Sr. Cérebro.

O Sr. Coração é um pouco diferente do que estamos acostumamos a desenhar. É formado por quatro salas, e cada sala tem uma porta. Quando o sangue passa por essas portas, elas abrem e fecham.

Como o sangue passa muito rápido, ele bate as portas. É o barulho das portas batendo que ouvimos do Coração: TUM-TÁ!

Você sabe qual o tamanho do seu coração? Feche sua mão e olhe bem pra ela. Seu coração tem mais ou menos esse tamanho!

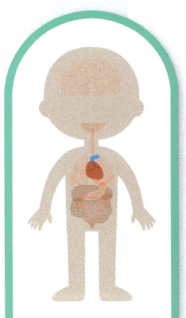

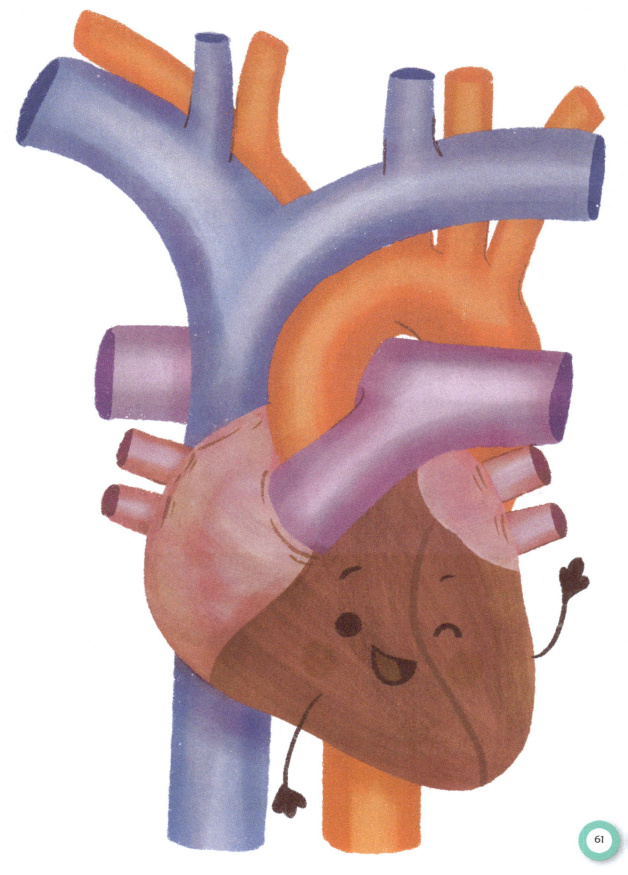

Os Rins Filtradores

Os Rins são irmãos gêmeos com forma de feijão. São responsáveis por limpar o Sangue do Reino. Eles são a Estação de tratamento do Sangue. Isso mesmo! Como a estação de tratamento de água da sua cidade. Nessa estação de tratamento, existem milhares de funcionários: os Néfrons. Quando o Sangue entra nos Rins, os Néfrons retiram toda a sujeira dele. Então, o Sangue sai limpinho e volta para o Coração. E as sujeiras retiradas, que irão formar o xixi, descem por um tubo chamado Ureter e ficam armazenadas na Bexiga.

Você já reparou na forma do feijão que você come? Esses irmãos tem a mesma forma dele. Se você colocar a mão na cintura e for na mesma direção para suas costas, você estará com uma mão em cima de cada rim!

A Dona Bexiga

A Dona Bexiga ajuda os Rins filtradores a guardar todo o líquido sujo que eles tiram do Reino. Isso porque os Rins não param de trabalhar nunca! Se a Dona Bexiga não existisse, a gente viveria fazendo xixi, porque ele não pararia de sair. A Dona Bexiga armazena a quantidade de xixi que ela aguenta. Quando não cabe nem mais uma gota dentro dela, ela avisa o Sr. Cérebro, e temos vontade de ir ao banheiro! Daí o xixi cai em um tubinho que se chama Uretra, que termina em um buraquinho na frente do buraquinho por onde sai o cocô.

O xixi, nos meninos e nas meninas, sai pelo mesmo buraquinho da Uretra. A diferença é que esse buraquinho fica em locais diferentes nos dois. Nos meninos, a Uretra é mais longa do que nas meninas, mas tem a mesma função de levar o xixi até a saída.

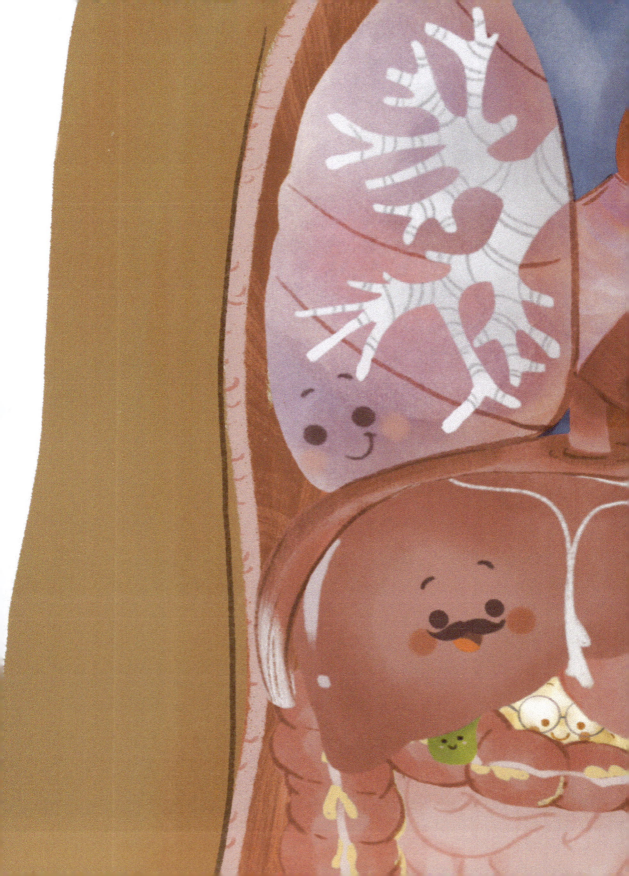

A Importante Missão da Pequena Hemácia

    Era uma vez uma pequena célula vermelha do Sangue chamada Hemácia. Ela era muito nova e pequena, mas desde seu nascimento tinha uma vontade enorme de explorar o Reino em que vivia. Então, quando completou dezoito dias de vida, seus pais acharam que ela estava pronta para dar início à sua longa jornada.

No entanto, antes de ela partir, seus pais fizeram com que ela fosse visitar seu avô no asilo das Hemácias do Reino: **o Baço**. Lá, o seu avô lhe daria as instruções de como seria sua primeira viagem.

Seu avô era uma Hemácia muito experiente e sábia, que tinha 110 dias de idade, e já havia percorrido todo o corpo levando várias encomendas para diversos moradores.

Chegando lá, a pequena Hemácia estava muito ansiosa pela aventura que a aguardava. Mas, ao mesmo tempo, estava com medo do desconhecido e de não dar conta de cumprir sua missão.

Quando seu avô a viu, ficou emocionado, pois se recordou de sua primeira viagem pelo Reino.

Ele a abraçou e falou que estava muito orgulhoso dela e que tinha certeza de que ela conseguiria cumprir sua missão. E tinha certeza de que, da próxima vez que se vissem, ela seria outra Hemácia, pois iria amadurecer muito com tudo que iria passar.

Então, o avô começou a explicar que a missão da pequena Hemácia era levar ar limpo (com Oxigênio) para um amigo dele: **o Sr. Dedão do Pé Direito**. Além disso, deveria trazer com ela o ar sujo (Gás Carbônico) que o Sr. Dedão lhe entregasse.

Depois de explicar tudo com muita calma, o vovô disse que ela estava pronta para partir.

A pequena Hemácia prestou muita atenção a tudo que seu avô lhe falou. Sabia que conseguiria fazer o que deveria ser feito.

Então, ela se despediu e partiu.

A primeira estrada que ela deveria pegar era a mesma pela qual deveria voltar. Essa estrada se chama **Veia Cava**.

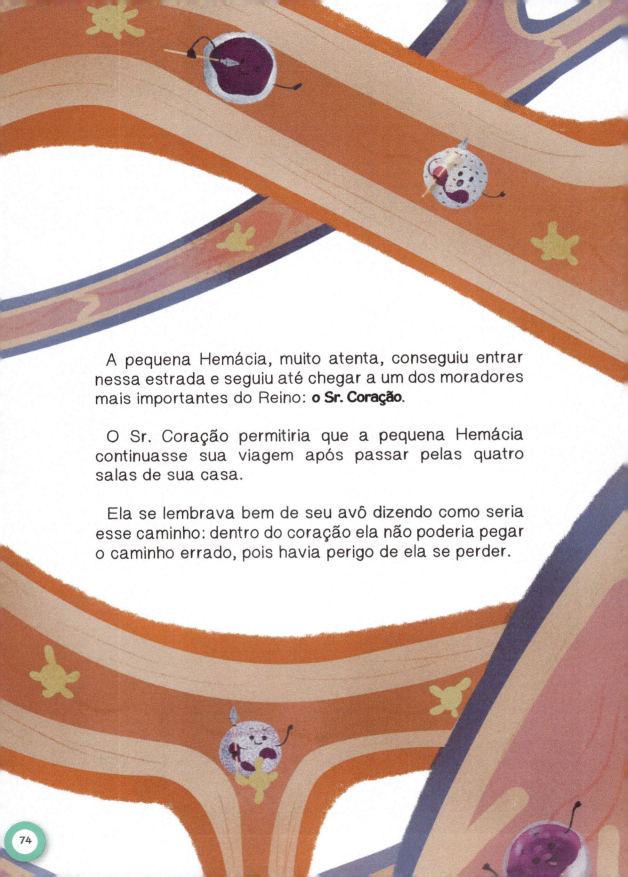

A pequena Hemácia, muito atenta, conseguiu entrar nessa estrada e seguiu até chegar a um dos moradores mais importantes do Reino: **o Sr. Coração**.

O Sr. Coração permitiria que a pequena Hemácia continuasse sua viagem após passar pelas quatro salas de sua casa.

Ela se lembrava bem de seu avô dizendo como seria esse caminho: dentro do coração ela não poderia pegar o caminho errado, pois havia perigo de ela se perder.

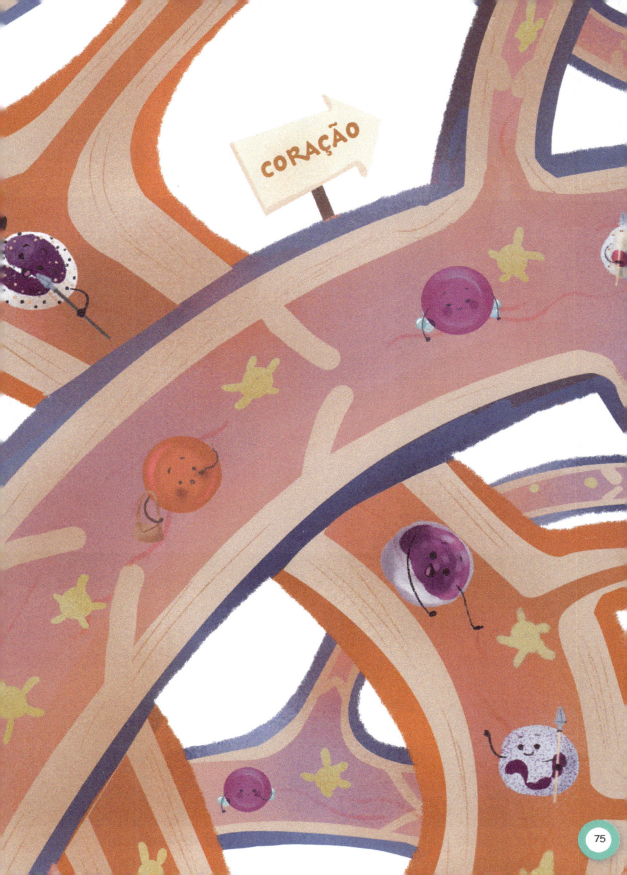

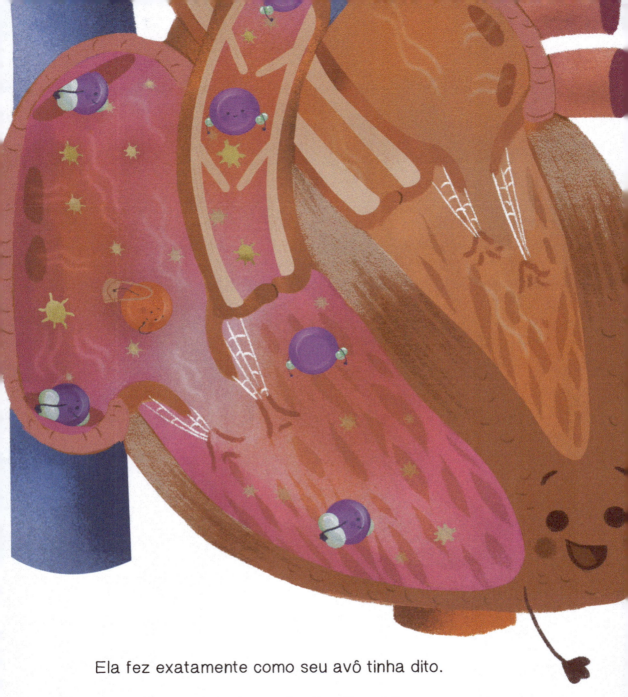

Ela fez exatamente como seu avô tinha dito.

Quando se aproximou do Sr. Coração, perguntou se podia entrar. O Sr. Coração, muito gentil, disse que sim, mas que ela não deveria demorar. Então, rapidamente, ela já estava dentro da primeira sala, chamada **Átrio Direito**, e se deparou com a primeira porta.

Como seu avô tinha dito, todas as portas eram redondas. A hemácia deveria dizer o nome delas para que elas se abrissem. Então, ao se aproximar da primeira porta, a pequena Hemácia pediu timidamente para que ela se abrisse: Por favor, Valva Tricúspide, você pode se abrir? E a porta, que se dividia em três partes, se abriu.

Ela ficou muito feliz, pois teve certeza de que estava fazendo tudo certo. Então, para não haver perigo de errar alguma coisa, ela resolveu dar uma olhada no mapa que havia feito. Pelas suas anotações, após essa primeira porta, ela entraria no **Ventrículo Direito**. Vamos dar uma olhada no mapa da Hemácia.

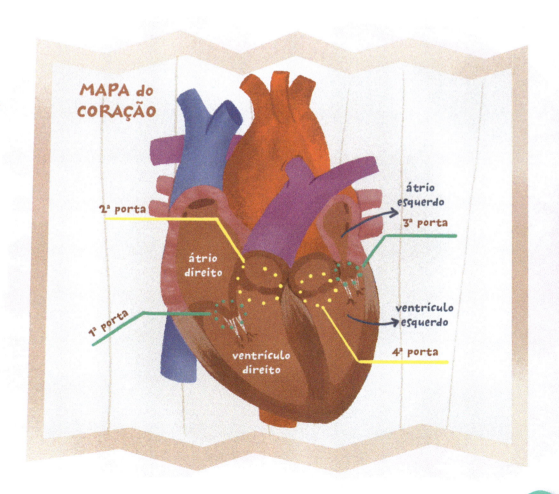

Depois de ter olhado o mapa, ela se lembrou de que, antes de passar pelas quatro salas do coração, deveria visitar o bosque do Reino para pegar a encomenda para o Sr. Dedão do Pé.

E foi isso que ela fez. Saiu da segunda sala do Coração pela segunda porta. Dizendo as palavras mágicas: Por favor, Valva Pulmonar, você pode se abrir?

Então, a porta, que também possuía três partes, se abriu, e Hemácia viu uma longa estrada que a levaria até o Bosque, a **Artéria Pulmonar**.

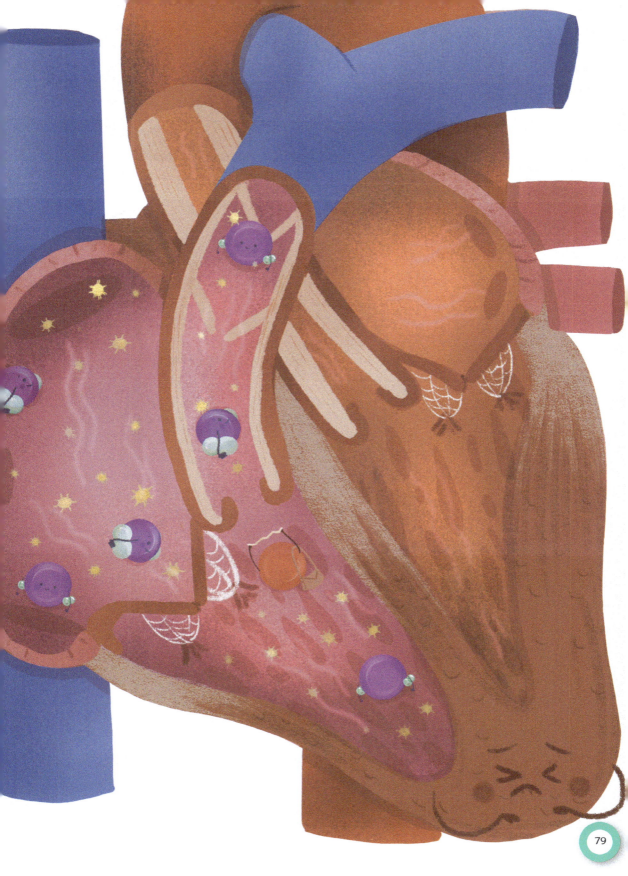

Chegando perto do bosque, avistou os guardiões que seu avô havia dito que ela encontraria: **os Pulmões**.

Meio sem jeito e com um pouco de medo, porque os Pulmões eram guardiões muito grandes e assustavam pelo tamanho, ela se aproximou e disse:

- Olá, me chamo Hemácia. Meu avô me mandou até aqui para pegar uma encomenda em seu bosque para que eu a leve ao Sr. Dedão do Pé Direito. Posso entrar?

E os dois Pulmões lhe disseram com muito carinho:
-Estávamos à sua espera. Seu avô nos contou que você viria. Entre!

Então, os guardiões, que agora não eram mais assustadores, explicaram o que ela deveria fazer para pegar a encomenda. A estrada se tornaria uma avenida, depois uma rua e então uma rua menorzinha. E era nessa ruazinha que ela encontraria as folhinhas da árvore onde pegaria a encomenda do Sr. Dedão do Pé Direito: **o Oxigênio**.

    A Hemácia agradeceu aos guardiões e seguiu o seu caminho. Quando chegou à ruazinha, viu os galhos com suas folhinhas, que nesse bosque são chamadas Alvéolos. Achou um lugar onde conseguia alcançá-los e pegou sua encomenda! Pegou quatro Oxigênios, pois era o máximo que conseguia carregar.

    Ela ficou muito orgulhosa de si, pois tinha cumprido uma parte importante de sua missão. Então, começou a voltar para a avenida principal para deixar o Bosque.

    Ao sair, Hemácia foi se despedir dos Pulmões, e eles lhe agradeceram por ela estar levando a encomenda para o Sr. Dedão do Pé Direito. Disseram que ela deveria trazer para o bosque o que o Sr. Dedão lhe entregasse:

- Como você pegou o Oxigênio na floresta, deve trazer o Gás Carbônico (sujeirinha) dos moradores, para que o ar do Reino fique sempre limpo.

A Hemácia concordou e disse que não iria demorar para voltar.

Antes de sair do bosque, ela achou melhor se recordar do caminho que deveria fazer.

Então, observou que, ao sair do bosque, devia pegar a estrada chamada Veia Pulmonar, que a levaria novamente ao Sr. Coração. Foi o que ela fez. Seguiu na estrada e, quando menos esperava, já estava na terceira sala dentro do Sr. Coração, **o Átrio Esquerdo**.

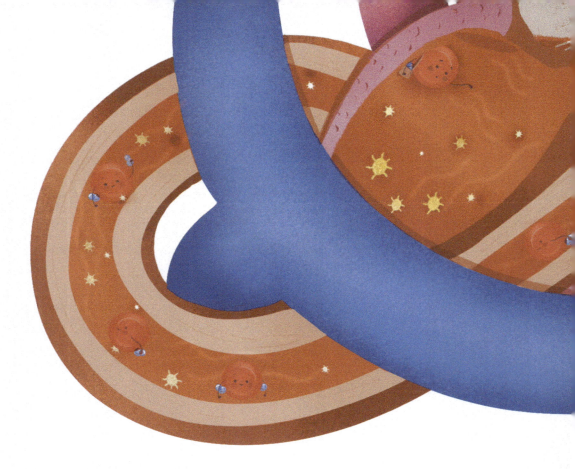

Quando o Sr. Coração percebeu que ela já havia voltado, disse:

- Eu sabia que você não teria problemas para pegar a encomenda! Seu avô me disse que você era muito esperta. Agora se apresse, porque o Sr. Dedão deve estar ansioso por sua chegada. O que você deve dizer para que a terceira porta se abra?

Rapidamente a Hemácia disse:
-Por favor, Valva Mitral, você pode se abrir?

Então, a porta, que tinha apenas duas partes, diferente das duas anteriores, que tinham três, se abriu.

A Hemácia entrou e agora já estava na última sala do coração: o **Ventrículo Esquerdo**.

   Diferente das outras salas, essa tinha uma parede mais grossa. Como a Hemácia era muito curiosa, resolveu perguntar ao Sr. Coração por que aquela sala era daquele jeito:
   - Sr. Coração, eu não vou conseguir ir embora sem antes entender o motivo de essa parede ser mais grossa. O Sr. poderia me explicar?

   E o Sr. Coração respondeu:
   -Seu avô também me avisou que você era muito curiosa!

   Ele riu e continuou falando:
   - Ela é mais grossa porque agora eu vou lhe dar uma ajuda um pouco maior para que você chegue mais rápido ao seu destino. Então, quando estiver pronta, eu vou bombear você com muita força para fora, e essa parede, por ser mais grossa, me ajuda a ter mais força para isso. Então, você terá que ser muito rápida em dizer o nome da quarta e última porta, para que ela se abra muito rápido para você passar. Entendido?

Então, a Hemácia disse:
-Entendido! Já estou pronta!

O Sr. Coração se concentrou e fez muita força para se contrair. E a Hemácia logo gritou:
-Por favor, Valva Aórtica, se abra ráááááápido!

E a quarta e última porta, que também tinha três partes, se abriu. A Hemácia saiu do Coração como um tiro e, depois de fazer uma curva muito perigosa para a esquerda, no Arco da Aorta, sentiu que não estava mais subindo, mas sim descendo.

Quando passou o susto da manobra radical, ela se deu conta de onde estava.

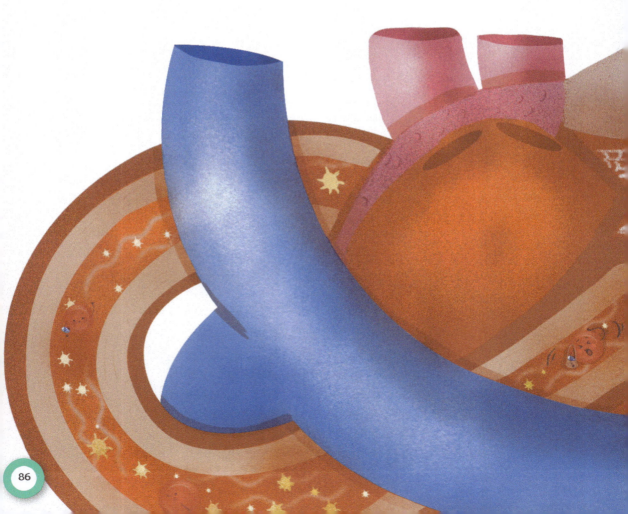

Estava na principal estrada do Reino, a **Artéria Aorta**! Viajar por essa estrada era o sonho de todas as Hemácias. E agora ela estava realizando aquele sonho!

De repente, percebeu que não estava sozinha, na verdade ela nunca estivera, mas pela primeira vez ela viu milhões de Hemácias como ela, que também tinham uma missão como a dela. Naquela estrada todos pareciam muito experientes e seguros, e ela ficou com medo de não conseguir.

Ela diminuiu a velocidade e quase parou. Foi então que um pequeno grupo do exército do Reino se aproximou dela e perguntou:
— Por que você parou, pequena? O que há de errado?

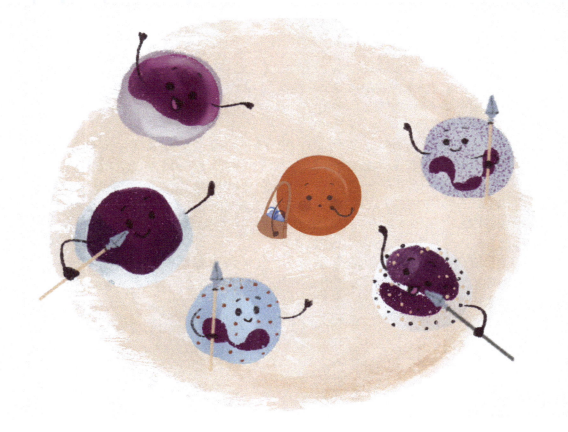

    A Hemácia não estava acreditando no que estava vendo! Eram os guerreiros mais importantes do Reino. Estavam na sua frente os soldados **Basófilo, Eosinófilo, Neutrófilo, Linfócito e Monócito**. Ela respondeu:

   -Todos parecem tão seguros do que estão fazendo.... E eu não conheço nada, é minha primeira viagem... Estou com medo de não conseguir...

    Então, os soldados lhe disseram:

   -Você já passou pelo Sr. Coração e já pegou a encomenda no Pulmão, o que é o mais difícil. Você só está assustada porque esta é uma estrada muito grande, que tem milhares de bifurcações e desvios. Mas não deixa de ser igual a todas pelas quais você já passou. Não tenha medo! E outra: você não está sozinha, quando precisar de qualquer coisa, sempre terá alguém por perto para ajudá-la. Agora se apresse, porque deve ter alguém esperando sua encomenda!

A pequena Hemácia sorriu, agradeceu ao pequeno exército e continuou sua viagem.

Quando já tinha andado por um bom tempo pela estrada da Artéria Aorta, começou a ver várias placas e achou melhor parar um pouco para olhar o mapa que seu avô havia feito.

As placas indicavam várias saídas:

1ª Saída: **Retorno do Tronco Celíaco**
2ª Saída: **Estrada da Artéria Mesentérica Superior**
3ª Saída: **Estrada da Artéria Renal Direita e Esquerda**
4ª Saída: **Estrada da Artéria Mesentérica Inferior**
5ª Saída: **Estrada da Artéria Ilíaca Comum Direita e Esquerda**

Quando terminou de ler as placas, mesmo estando com o mapa em mãos, nem precisou olhar porque se lembrou do seu avô dizendo que ela deveria continuar reto, pois a Artéria Aorta se dividiria e se tornaria a Artéria Ilíaca comum Direita e Esquerda.

Então, ela seguiu em frente! A estrada Aorta acabou, e ela ficou com dúvida se era o Sr. Dedão do Pé Direito ou do Pé Esquerdo quem estava esperando por ela. Quando começou a ficar preocupada, se lembrou das palavras de seus pais:
- Faça tudo DIREITO e chegue ao Dedão DIREITO.

Aí, ela entrou na estrada **Artéria Ilíaca Comum Direita** e já estava sabendo que essa estrada também iria se dividir em estrada da **Artéria Ilíaca Interna e Externa**.

E ela deveria continuar pela Externa!

A Hemácia já estava muito cansada, porque já tinha caminhado muito no Reino, mas ainda não sabia se estava longe ou perto do Senhor Dedão. Foi então que ela avistou o fim da estrada Ilíaca, onde ela finalmente se bifurcava em estrada da **Artéria Femoral e Artéria Femoral Profunda**.

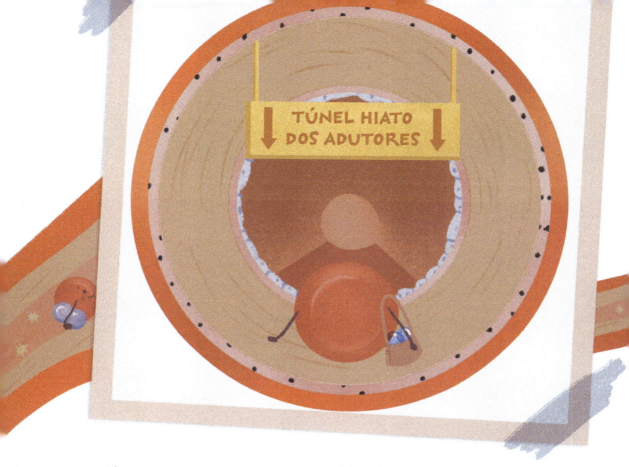

    Nesse momento, a pequena Hemácia não se cabia de tanta alegria, pois sabia que estava perto!... Quando era pequena, seu pai havia lhe contado muitas histórias sobre o maior osso do Reino. Esse osso se chama Fêmur e ficava na coxa, que vem antes da perna e do pé. Então, ela já estava muito perto!

    Animada, ajeitou os quatro oxigênios e apertou o passo seguindo pela **Estrada Femoral**.

    Ela também se lembrava de que esse era um pedaço complicado do caminho. Ela deveria passar por um túnel que a levaria para trás do joelho (**Túnel Hiato dos Adutores**), onde a estrada passaria a se chamar **Artéria Poplítea**, e então ela deveria voltar para frente da perna pela **Estrada Tibial Anterior**.

Depois de caminhar um pouco pela estrada, avistou o Sr. Dedão do Pé Direito lá longe acenando para ela!

Quando chegou, o Sr. Dedão lhe deu um grande abraço e disse que estava com muitas saudades de seu avô, seu velho amigo.

Muito feliz, a Hemácia lhe entregou a encomenda, que eram os quatro Oxigênios, e pegou as sujeiras que o Sr. Dedão lhe deu, o Gás Carbônico. Nesse momento, algo mágico aconteceu!

Como seu avô tinha dito, quando ela cumprisse sua missão, algo incrível aconteceria, e aconteceu! Ela mudou de cor: **de vermelha passou a ser azulada**!

Então, o Sr. Dedão lhe disse:
- Agora você está pronta para partir. Você vai voltar por estradas com os mesmos nomes, só que, em vez de se chamarem Artérias, elas se chamam **Veias**.

Além disso, o Sr. Dedão disse que o caminho seria um pouco mais difícil, pois ela não teria a ajudinha do Sr. Coração. Mas que, quando ela menos esperasse, já estaria de volta ao Bosque para deixar as sujeiras. Nesse momento, ela voltaria a ter sua cor vermelha e estaria com mais Oxigênios para partir em uma nova viagem.

Assim, a pequena Hemácia se despediu e partiu em direção ao bosque, para pegar mais Oxigênios e começar outra grande aventura.

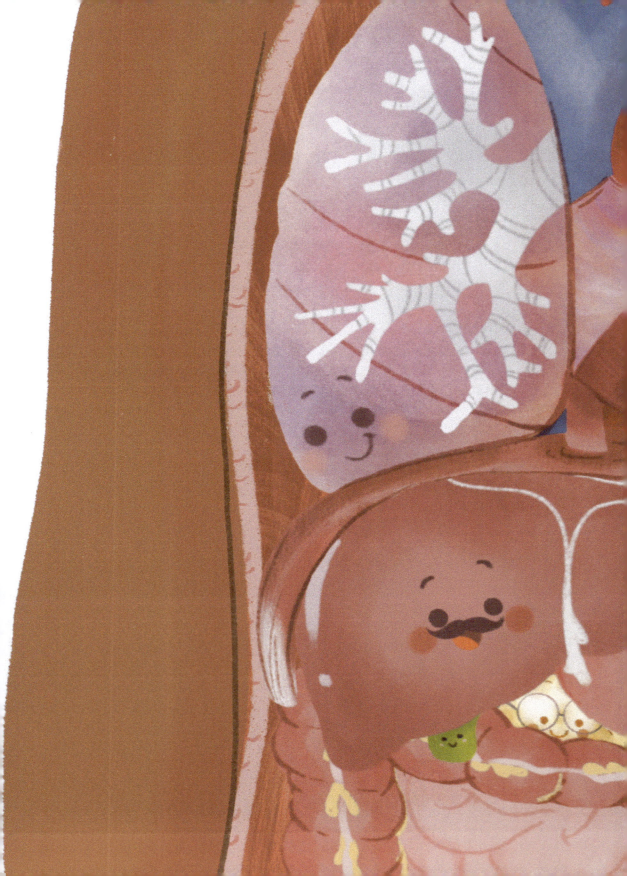

O Sonho do Sr. Cérebro

O **Sr. Cérebro**, como já falamos, é um morador muito importante. Ele coordena todo o Reino e sabe do que cada morador precisa. Ele é muito feliz por poder ajudar a todos!
No entanto, ele tinha um sonho secreto que ninguém do Reino sabia: ele queria dançar. Isso! Como uma bailarina! Queria saber rodopiar e saltar.

O problema é que ele vive em uma casa muito pequena e apertada, o crânio. E dentro do crânio, que é uma estrutura de osso, o Sr. Cérebro não tem espaço para fazer nenhum movimento.

Ele sabia que essa proteção era boa e necessária, porém queria muito poder dançar.

Então, um dia o Sr. Cérebro estava muito triste, e seus amigos, os agentes secretos do Reino, os **Neurônios**, resolveram fazer uma surpresa para ele.

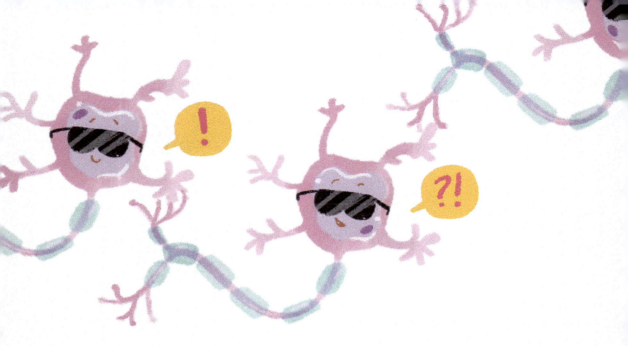

Eles mobilizaram todos do Reino para ajudar o Sr. Cérebro a realizar seu sonho.

Os Neurônios que moravam perto do Sr. Cérebro e sabiam de sua vontade de dançar começaram a se comunicar com seus colegas que moravam mais distante.

Eles passaram as informações um para o outro, da região mais alta do Reino até a periferia. Depois de levar a informação até seu destino final, outros Neurônios levaram a informação do que tinha acontecido na periferia de volta para os Neurônios próximos do Sr. Cérebro.

Esses agentes secretos usam um mecanismo secreto para contar para o Neurônio seguinte o que deve ser feito. Como falamos no começo, é como um telefone sem fio, onde eles vão contando um para o outro o que deve ser feito sem que a informação seja alterada ou perdida.

Então, eles decidiram que deveriam conversar com os braços e com as pernas para que eles ajudassem o corpo todo a se movimentar. Eles começaram a mandar as informações, e ela se espalhou por todo sistema de comunicação do Reino, o Sistema Nervoso!

E quando a informação chegou aos braços e às pernas, eles entenderam o que deveriam fazer e começaram a se movimentar. Os braços ajudavam a manter o equilíbrio, enquanto as pernas rodopiavam e saltavam. Então, a novidade começou a retornar para o centro do Reino. E todos os moradores começaram a ajudar!

Os moradores que não estavam participando diretamente, como o **Estômago**, os **Intestinos** e o **Pâncreas**, ficavam quietos para deixar mais energia para os que estavam dançando. O **Sr. Fígado** distribuía energia para os músculos dos braços e das pernas, os **irmãos Olhos** estavam mais focados e abertos para enxergar tudo e não trombar em nada. O **Coração** estava batendo mais rápido para conseguir bombear mais sangue para que as **Hemácias** conseguissem levar oxigênio mais rápido para todos os moradores.

Quando o Sr. Cérebro soube das notícias que estavam chegando, não acreditou! Na verdade não só ele, mas todos estavam dançando para que ele pudesse realizar o seu sonho!

Ele aproveitou muito, e todos continuaram dançando por um longo tempo até cansarem e precisarem parar para descansar e recuperar as energias.

Mas depois desse dia, mesmo estando no topo do Reino, o Cérebro teve certeza de que não estava sozinho e de que não seria capaz de nada sem os outros moradores! E agradeceu muito a todos por estarem com ele todos os dias!

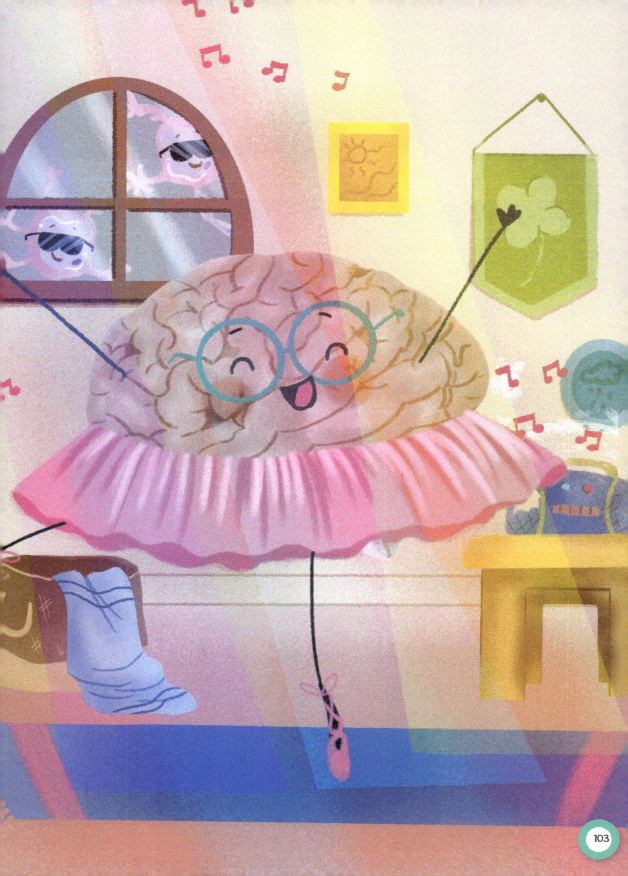

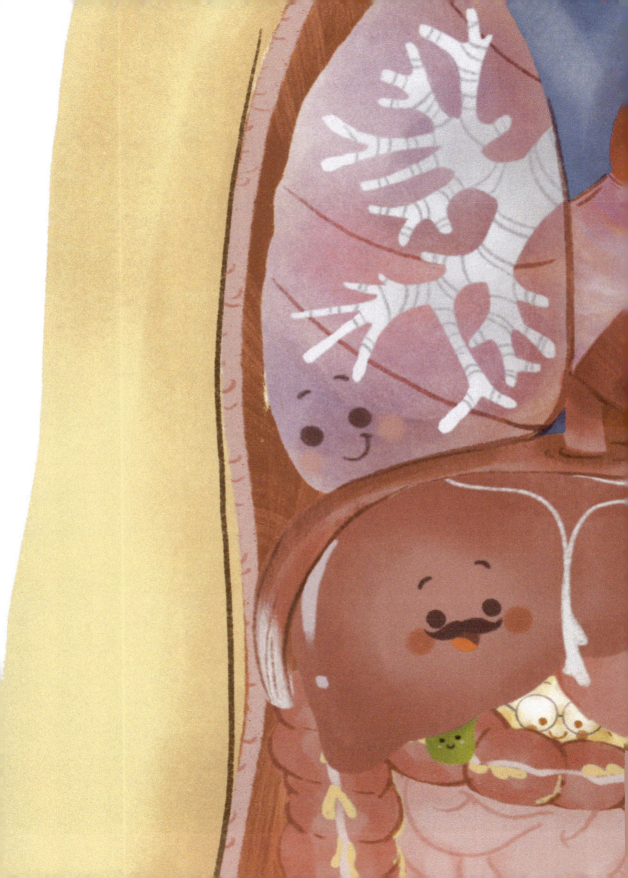

A Incrível Aventura do Grão de Milho

Era uma vez um pequeno Grão de Milho. Esse Grão sempre sonhou em ter superpoderes e, enquanto crescia dentro da Espiga de milho, sempre contava para ela essa vontade. Porém, ele sabia que era apenas um pequeno Grão e seria muito difícil ter superpoderes.

Um dia, a Espiga lhe revelou um segredo:
- Agora que você já está crescido, preciso lhe dizer que você tem sim um superpoder! Você possui uma capa mágica que o protege. E você terá a chance de fazer uma viagem completa pelo corpo humano! Como poucos têm. Sabe por quê? Porque sua capa mágica vai protegê-lo de todas as poções mágicas do Reino e você vai conseguir entrar pela boca e chegar ao portão de saída, que fica no outro extremo, em segurança!

O Grão de Milho não acreditava no que estava ouvindo. Indignado, ele perguntou para a Dona Espiga como ela sabia daquilo tudo. E a espiga respondeu:

- Na verdade, todo o nosso pé de milho já foi um grão como você. O que acontece é que muitos milhos não conseguem se livrar dos dentes, que tiram nossa capa mágica. Daí é o fim, pois não conseguimos sobreviver dentro do Reino sem ela!

E a Dona Espiga perguntou ao Grão de Milho:
- Mesmo sabendo de todos esses perigos, você ainda deseja embarcar nessa aventura?

O Grão de Milho, que era muito corajoso, respondeu:
- Claro que sim! E depois dessa aventura ainda serei o pé de milho mais bonito da plantação.

Então, a Dona Espiga tratou de ficar bem amarelinha. O menino que morava na fazenda onde ela estava plantada ficou com muita vontade de comer milho cozido. Então, ele colheu a espiga e a levou para sua casa para cozinhá-la.
Enquanto estavam cozinhando na panela, a Dona Espiga deu as últimas instruções de como os Grãos deveriam agir quando fossem abocanhados pelo garoto.

Quando eles menos esperavam, foram tirados da panela, e o menino passou bastante sal e manteiga na Espiga. De repente, a Dona Espiga sofreu uma enorme mordida. O Grão de Milho ficou muito assustado, pois não sabia que a boca e os dentes podiam ser tão ferozes e morder tão forte a Espiga.

Na segunda mordida, o valente Grão de Milho foi abocanhado, e, mais rápido do que imaginava, já estava na boca do menino. Ele estava assustado, porque tudo se movimentava muito rápido, por isso se sentiu perdido.

Quando Dona Língua percebeu que ele estava muito lento e perdido, gritou:
-Cuidado, Grão, senão os dentes vão tirar sua capa mágica!

Ao ouvir Dona Língua dizendo isso, ele se lembrou da Espiga e começou a se desviar dos dentes, que a todo momento tentavam roubar sua capa.

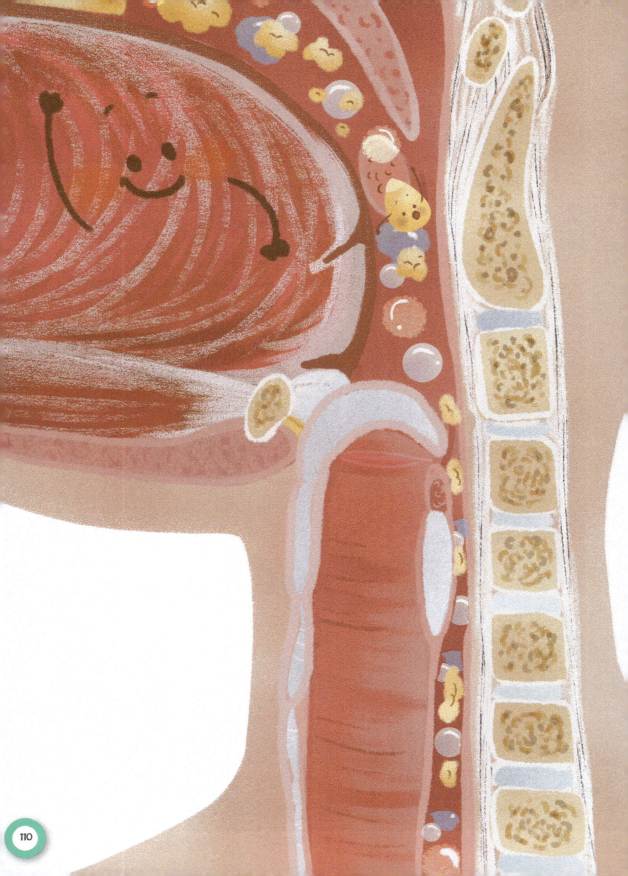

Então, a Língua falou:

- Tente usar meus movimentos para chegar ao meu fim. Quando meu corpo terminar, você vai ver um grande túnel, o Esôfago! Você deve descer por ele até chegar ao *chef* Estômago. Mas no Esôfago tem uma porta, a Epiglote. É para ela estar fechada; mas, se ela estiver aberta, não entre, pois ela leva a um túnel que é proibido para qualquer alimento. Nela, só o ar pode entrar, porque ela vai para a Traqueia, que é o túnel que chega ao bosque do Reino (Pulmões). Acredite: você não será bem-vindo lá.

O Grão de Milho, mesmo no meio de toda aquela confusão, conseguiu chegar ao final da Língua com sua capa mágica, e mais do que rápido escorregou para dentro do Esôfago.

Ele estava com um pouco de medo de que a porta da Epiglote estivesse aberta. Mas, quando olhou para o lado e viu como seus amigos que tinham perdido suas capas estavam, nem se lembrou da porta!

Os outros grãos que tinham perdido as capas estavam se desfazendo, perdendo sua forma. E ele ficou bem feliz porque ainda estava com sua capa protetora.

O caminho até o Estômago foi muito rápido. Quando o Grão de Milho se deu conta, já estava mergulhado no suco do *chef*. Então, viu como ele preparava as refeições para mandá-las para os moradores do Reino.

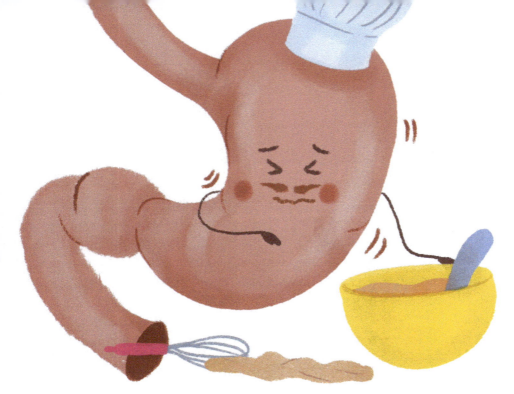

O *chef* amassava tudo, como se estivesse amassando pão, e depois jogava uma fórmula secreta.

O Grão de Milho estava encantado com a forma como o Estômago preparava os alimentos. Mesmo com medo, resolveu conversar com ele:
- *Chef* Estômago, por que o senhor amassa tudo assim?

O Estômago respondeu:
- Olá! Não percebi que estava na presença de um Grão de Milho com superpoderes. Já faz um tempo que não vejo um Grão que tenha conseguindo ficar com a supercapa depois de passar pelos dentes! Você é muito corajoso de fazer essa viagem! Bem, eu tenho que amassar tudo porque os dentes às vezes têm tanta pressa para mastigar os alimentos que acabam não fazendo o serviço direito. Daí tenho que terminar de triturar os alimentos que ainda estão muito grandes.

Nesse momento, a parte de cima do Estômago, por onde o milho havia entrado, se abriu e entrou muito líquido com muito gás.

Então, o Estômago esbravejou:
- Eu sempre peço para que não se tome líquido durante as refeições, principalmente refrigerante. Isso dificulta muito o meu trabalho! Mas ninguém me ouve!

E o Grão de Milho, que já estava menos assustado, perguntou:
- Posso fazer outra pergunta?

O Estômago, todo simpático, porém sem parar de trabalhar, respondeu:
- Claro, é um prazer!

E o Milho prosseguiu:
- O que é essa poção secreta que o Senhor joga nos alimentos?

O *chef* disse:
- Esse é o meu segredo para cozinhar tudo! É o Ácido Clorídrico! É ele que termina de digerir todos os alimentos, para que tanto eu quanto a marmitaria do Sr. Delgado consigamos mandar a comida para todos os moradores do Reino! Por isso, os seus amigos sumiram. Como perderam a capa, foram digeridos pela minha poção! E vão fazer parte das marmitas que serão entregues a todos!

E prosseguiu:
- Bom, chega de papo! Terminei minha parte, tenho que mandar tudo para a marmitaria e já estou atrasado.

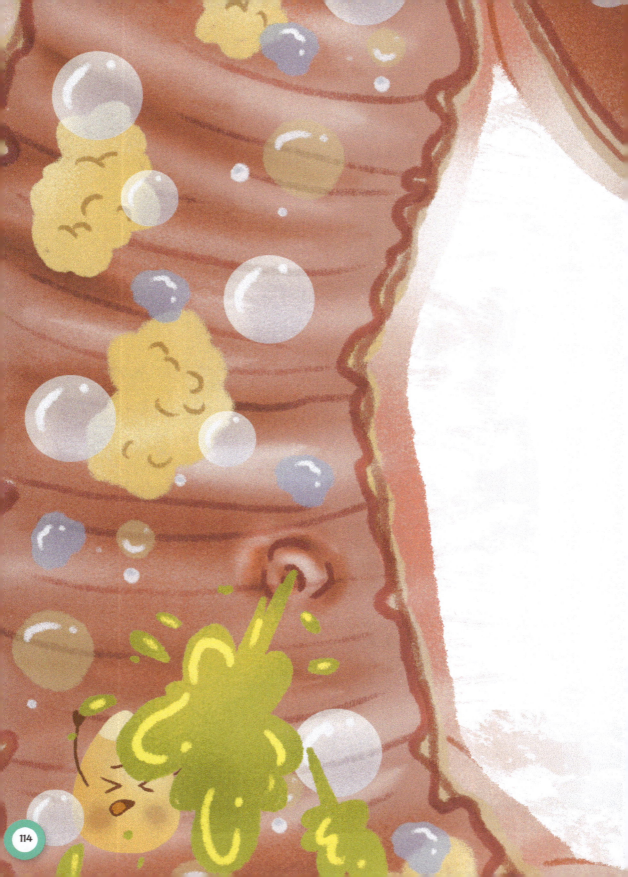

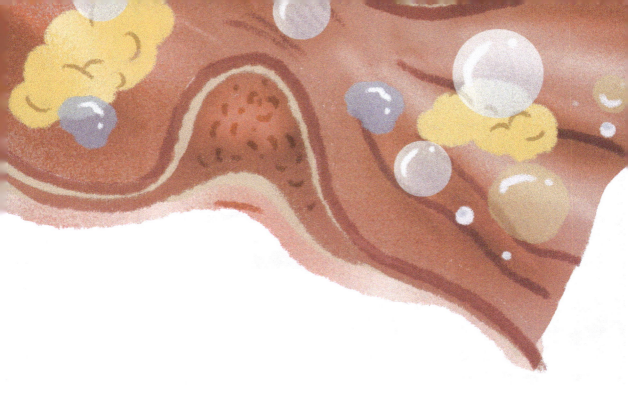

- Ah! Você viu que a manteiga que estava em cima de vocês continua toda unida por mais que eu tente amassá-la?

Ela só vai se dissolver quando entrar na marmitaria do Sr. Delgado. Só que para isso o Fígado e o Pâncreas mandam fórmulas mágicas para quebrá-la. Então, cuidado com o jato dessas poções! Essas bolhas do refrigerante também acabam se juntando e formam uma bolha gigante que atrapalha todo mundo! E o Delgado também não gosta muito disso não!

No mesmo instante, o *chef* Estômago abriu sua comporta inferior e todos escorregaram para o Intestino Delgado. Como o Estômago havia dito, de repente se abriu uma pequena portinha, de onde espirraram as poções vindas do Fígado e do Pâncreas, e a manteiga, que ainda estava juntinha, num piscar de olhos, estava toda quebrada em pequenas bolhas.

    A marmitaria do Sr. Delgado é o túnel mais longo de todo o Reino. Para conseguir mandar as marmitinhas para todos, o Sr. Delgado se movimenta empurrando todos para frente lentamente.

    O Grão de Milho sabia que ia ficar muito tempo por lá e, como já estava entediado, resolveu puxar assunto:
- Olá, Sr. Delgado, estou vindo de uma viagem bem longa e sei que ficarei aqui por um tempo. Será que o Senhor pode me explicar como faz suas marmitas?

    Então, o Sr. Delgado, um pouco assustado, respondeu:
- Você é um milho que continuou com sua capa mágica? Existem muitos como você aqui? Se houver, talvez faltem alimentos para colocar nas marmitas, e elas não sejam suficientes para todos os moradores.

    E o Grão de Milho respondeu:
- Não, não! Só eu consegui manter minha capa. Meus amigos já estão todos prontos para serem colocados em suas marmitas.

    Então, o Delgado, mais tranquilo, disse:
- Ufa, se mais amigos seus estivessem de capa, seria um problema. Mas será um prazer lhe explicar como faço. Na verdade, quase nunca chega algum alimento que tenha essa proteção que você tem, então quase nunca converso com alguém! Bem, o negócio funciona da seguinte forma: os alimentos chegam aqui prontos para entrar nas estradas do Reino, os Vasos Sanguíneos. Eu separo os nutrientes diferentes em marmitas diferentes, por exemplo, os carboidratos, que vêm do pão, do macarrão, do arroz,

do milho, dos doces, vão para uma marmita; as proteínas, que vêm das carnes, dos peixes, dos ovos e do leite, vão para outra marmita. As gorduras que me dão mais trabalho porque existem vários tipos diferentes para separar: as que vêm dos óleos, as das carnes e as das castanhas. Cada tipo vai para uma marmita, e tenho que colocá-las em outra estrada diferente dos vasos sanguíneos, para chegar ao Fígado. Essas estradas são chamadas Vasos Linfáticos. Já as vitaminas das frutas e dos legumes e os minerais como o sódio, que vem no sal, entram soltos nessas estradinhas. Assim, cada morador pode pegar a quantidade que quiser, como se estivesse temperando e complementando suas refeições. Daí, o armazém do Sr. Fígado recebe as marmitas pelos vasos organiza a distribuição da comida para todos e guarda o que sobra. Fica comigo só o que não serve, que será então mandado para fora do Reino. O que você achou?

E o Grão de Milho, que estava encantado com tamanha organização, disse:
- É uma pena que quase ninguém saiba o que acontece aqui. O Senhor é muito eficiente.

Então, o Intestino Delgado disse:
- Conversamos tanto que nem percebi que já estava chegando ao meu fim. Daqui para frente você entra no lixão do Sr. Grosso! Ele é mais afoito do que eu, mas é um cara bacana. Vai adorar lhe contar o que faz. Ele é muito carente; mas, assim como eu, se irrita fácil. O Grão de Milho se despediu do Sr. Delgado e entrou no Sr. Grosso. A estrutura deles era bem diferente. O Delgado é mais fino e liso e se mexe mais suavemente. Já o Grosso é mais largo e formado por gomos, e seus movimentos são mais fortes.

    Foi então que uma voz bem grossa e alta surgiu dizendo:
- Você deve estar pensando que eu não faço nada, não é? E que o Sr. Delgado faz tudo!

    E o Grão de Milho, um tanto assustado, disse:
- Claro que não, Sr. Grosso! Imagino que o Senhor deva ter uma função muito importante. Mas ainda não consegui descobrir qual é. Estou tão cansado da viagem que lhe peço desculpas pela minha falta de atenção.

    Então, o Intestino Grosso, que estava quase irritado, relaxou e falou:
- Ora, não se desculpe, fico feliz que saiba que também sou importante. Isso já basta! Vou lhe explicar o que acontece. Na verdade, vou deixar que você descubra. Quero que você preste bem atenção nesses restos de alimentos que estão ao seu redor! Me diga qual é a forma deles. Eles são sólidos, líquidos ou gasosos?

    O Milho olhou, pensou e respondeu:
- Bem, agora que saímos do Delgado, há muita água junto com os restos de alimento. Por isso, eu diria que a forma é liquida! Além, claro, de ter umas bolhas de gás que estão

vindo desde lá de cima do Estômago.

Então, o Sr. Grosso disse:
- Formidável! Você é um bom observador! Agora vamos caminhar mais um pouco. Quando você notar algo de diferente, me chame.

O Grão de Milho continuou caminhando. De repente, os restos de alimentos que eram bem líquidos começaram a ficar pastosos. Ele gritou:
- Sr. Grosso, a água está sumindo, está tudo ficando pastoso! Ah, já entendi! O senhor absorve a água que ficou no resto dos alimentos!

E o Intestino Grosso respondeu:
- Mas que alegria! Você descobriu minha maior função! Todos acham que eu não faço nada; mas, quando não trabalho direito e os restos dos alimentos saem com muita água, é uma bagunça! Agora preciso que você fique bem escondido no meio dos restos de alimentos porque você vai entrar em uma área muito perigosa - o lugar onde minhas funcionárias ficam.

Elas são conhecidas como Bactérias da Flora Intestinal. São especialistas em encontrar alimentos que ainda não foram digeridos e principalmente buscar a substância de que sua capa mágica é feita, a celulose. Essa é uma das poucas substâncias que ninguém no Reino consegue quebrar, apenas elas. Então, se proteja!

De repente, avistou uma multidão de bactérias da flora, todas trabalhando juntas procurando alimentos inteiros.

Ele ficou com muito medo e se escondeu mais para o fundo dos alimentos. Elas reviravam tudo que estava ao seu alcance. Ele viu várias capas mágicas de seus amigos sendo desfeitas. Mas por sorte elas só conseguiam mexer por cima dos alimentos.

Ele percebeu que, conforme elas iam mexendo, o resto de alimentos formavam bolos de resto de comida.

Quando o Grão de Milho percebeu que o perigo havia passado, resolveu conversar com o Intestino Grosso:
-Sr. Grosso, acho que descobri uma coisa.

E o Intestino respondeu:
- Que bom que minhas funcionárias não o encontraram! Me diga o que você descobriu.

E o Grão de Milho, muito empolgado, disse:
- Eu descobri que estou no meio do cocô! Aquilo de que todos têm tanto nojo não passa dos restos dos alimentos que a pessoa comeu. Sim, ele é fedido e tem uns gases, mas é apenas resto de comida!

O Intestino Grosso ficou muito feliz porque o Milho havia descoberto tudo aquilo sozinho e disse:
- Fico muito feliz que tenha aprendido tanto nessa viagem. Sobreviver a esse longo caminho é para poucos. Na verdade, é apenas para aqueles que têm superpoderes. E agora que você já entendeu como funciona o Sistema Digestório deste Reino, está pronto para deixá-lo.

Prepare-se, pois, daqui a pouco, você chegará a uma parte do caminho que se chama Reto, e então o portão de saída do Reino se abrirá, e você sairá junto em um dos blocos de resto de comida. Ah! Os gases que estão junto com vocês também sairão! Quando você estiver lá fora e for um pé de milho, não se esqueça de contar esta história.

O Milho, que já estava quase chegando ao Reto, gritou:
- Esses gases são o que eles chamam de PUM!!!!

Então, o Seu Grosso riu e pensou:
- Grão de Milho inteligente, aprende as coisas muito rápido!

Foi nesse momento que o portão de saída do Reino se abriu, e o Grão de Milho finalmente terminou sua viagem.

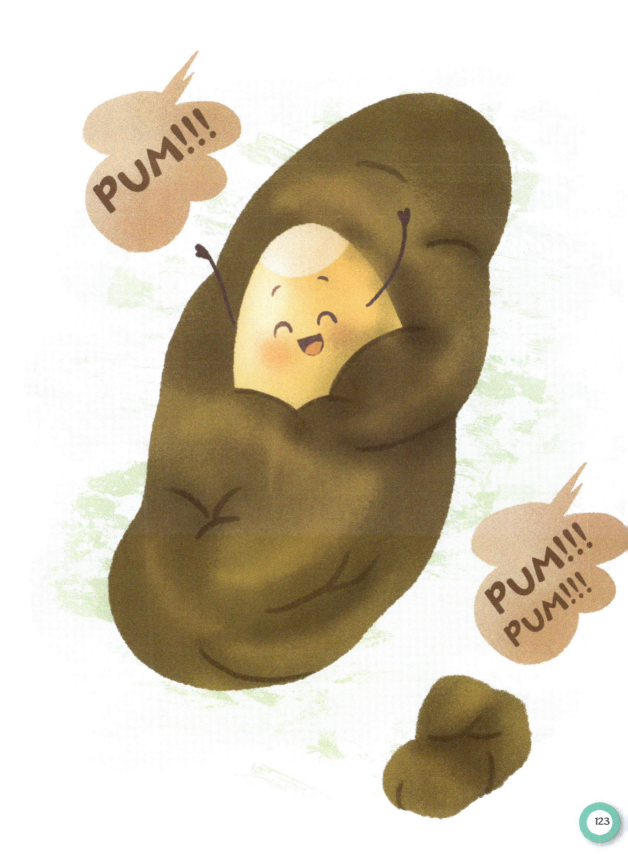

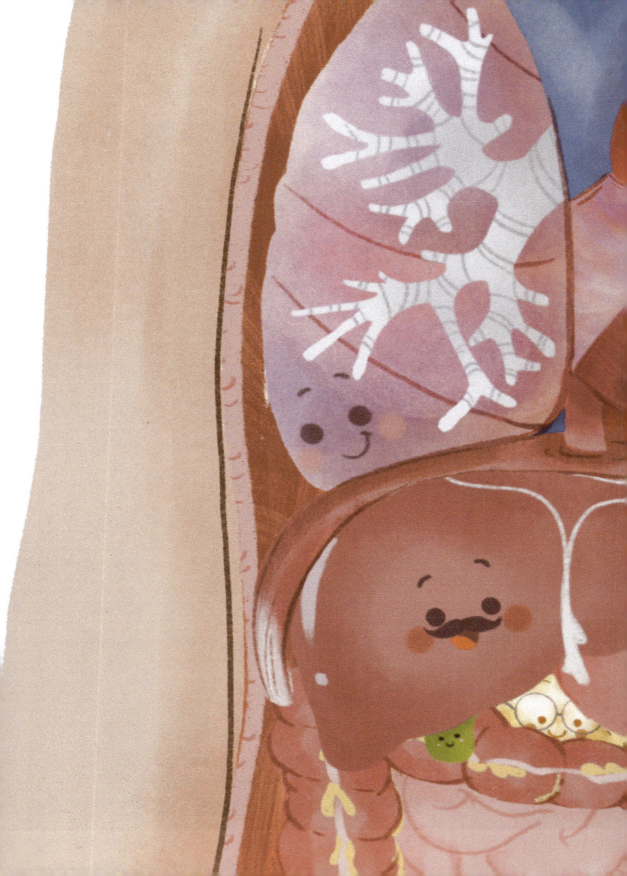

A Bexiga Que Não Era Cheia de Ar

Acredito que todos que estejam lendo este pequeno conto, em algum momento de suas vidas, já tenham visto ou brincado com balões e bexigas, certo?

Isso mesmo, aquelas encantadoras bolas de borracha coloridas que enchemos de ar para brincar. Que flutuam livre e suavemente pelo ar!

Pois bem, nesse Reino, que temos explorado e conhecido até agora, que é o nosso corpo, temos uma bexiga, que não é tão colorida como as que estamos acostumados a ver e também não carrega ar em seu interior. Como já vimos, ela armazena todo o líquido sujo que os Rins filtradores retiram do Reino, para que seja possível colocar toda essa sujeira para fora na forma de xixi.

Mas a Dona Bexiga vinha se sentindo muito triste ultimamente, pois achava que sua função não era nada importante e tinha certeza de que ninguém sentiria sua falta caso ela estourasse.

Além do mais, o maior sonho dela era voar, ficar cheia de ar e poder flutuar como outras bexigas.

Então, ela teve uma ideia:

-Talvez se eu deixar de trabalhar por um dia, me esvaziar toda e não mais deixar entrar o xixi que os Rins mandam, eu consiga ficar leve e flutuar!

Ela não contou seu plano a ninguém, mas decidiu que no final de semana faria isso.

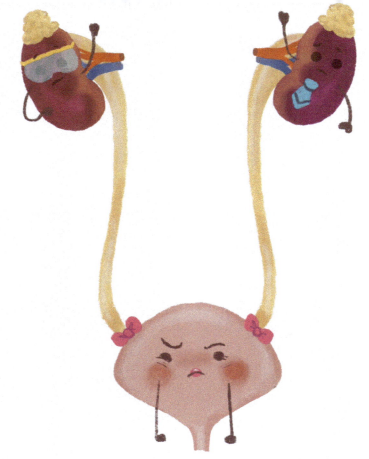

Como nunca havia pensado ou feito tal coisa, ficou um pouco nervosa. Os Rins, no mesmo instante, perceberam que a Dona Bexiga estava mais irritada do que o normal, pois ela não estava conseguindo guardar nem o mínimo de xixi que o Reino estava acostumado a guardar até que a porta se abrisse para jogá-lo fora.

Então, os Rins foram conversar com a Dona Bexiga:
- Dona Bexiga, temos notado que a Senhora anda mais irritadiça do que o normal. E estamos preocupados! Está tudo bem? Pois percebemos que a Senhora não tem guardado a quantidade habitual de xixi e suas portas às vezes têm ficado fechadas para a entrada do xixi que mandamos.

A Dona Bexiga, furiosa com os comentários dos Rins, quase gritando, respondeu:
- Não é possível que o trabalho de vocês dois seja sempre igual! Às vezes não estamos bem, às vezes estamos com

preguiça, às vezes estamos distraídos. Ninguém trabalha perfeitamente o tempo todo!

Os Rins, muito sem graça, e disseram:
- Dona Bexiga, não nos leve a mal. De forma alguma estávamos querendo criticar seu trabalho, só ficamos preocupados!

E encerraram o assunto, cochichando entre eles que ela devia estar sob muita pressão naquele momento.

Quando a Bexiga percebeu que o fato de ela ficar alguns instantes sem receber o xixi já era suficiente para que os rins percebessem, teve a certeza de que seria necessário trocar seu plano.

E então teve outra ideia:
- Bem, se quando eu paro de receber o xixi, eles percebem, não vou deixar de receber, mas vou deixar de jogar o xixi para fora do Reino. Não vou deixar que a porta da Uretra se abra! Então, vou ficar supercheia e talvez isso me faça flutuar!

Contente com seu novo plano, decidiu que iria iniciá-lo naquele mesmo momento.

A Bexiga começou então a estocar todo o xixi que os Rins mandavam. E foi ficando muito inchada.

Quando a quantidade de xixi ultrapassou o que ela era capaz de suportar, passando acima do nível do Trígono da Dona Bexiga, que é o sensor que avisa quando se deve ir ao banheiro, os agentes secretos, os Neurônios, responsáveis por aquela região do Reino, começaram a mandar mensagens para o Sr. Cérebro, dizendo que todo o Reino estava em perigo, pois o xixi já havia passado do sensor, estava voltando pelos Ureteres e a qualquer momento chegariam aos Rins.

Além do mais, outra coisa muito grave que poderia acontecer era a Dona Bexiga estourar, fazendo com que toda a parte baixa do Reino inundasse.

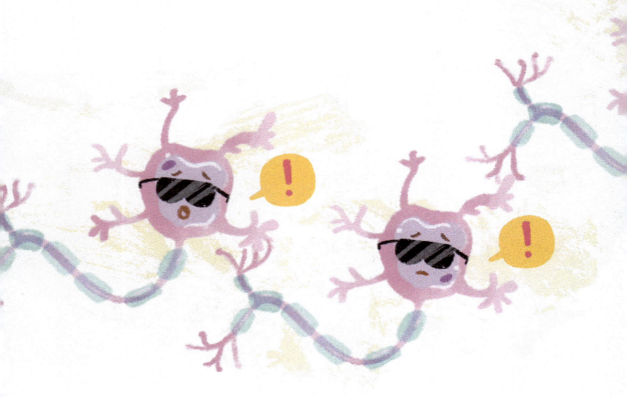

Nesse exato momento, o Sr. Cérebro assumiu o controle da situação e mandou para todos os seus agentes secretos a ordem de gritar com a Dona Bexiga para ela relaxar e soltar o xixi.

E assim, com a força de todos juntos, a Dona Bexiga conseguiu relaxar e abrir sua porta da Uretra para que o xixi saísse do Reino.

Foram necessários alguns minutos para que a Dona Bexiga se esvaziasse completamente. Quando ela se viu vazia, se sentiu tão leve que teve a certeza de que estava flutuando.

Então, o Sr. Cérebro teve uma conversa muito séria com ela:
- Dona Bexiga, a senhora tem uma importância muito grande em nosso Reino. Na verdade, a Senhora, assim como cada morador, é única e indispensável para nossa existência! Nunca se menospreze como a Senhora fez!

E a Dona Bexiga, muito envergonhada, se desculpou:
- Sabe, Sr. Cérebro, estou muito triste pelo que fiz. Não tive a intenção de prejudicar o Reino. Mas tinha um sonho muito grande de flutuar como um balão colorido. E foi por isso que fiz essa confusão toda. Só assim pude ver que...

Nesse instante, o Sr. Cérebro a interrompeu e completou sua frase:
- Só assim a Senhora pôde perceber que na verdade flutua todos os dias quando se esvazia. E, não flutua sozinha, mas faz o Reino todo sentir que está flutuando junto com a Senhora, tamanho é o alívio que traz para todos quando libera o xixi!

E a Dona Bexiga, vermelha de vergonha por se sentir muito importante, concordou com o Sr. Cérebro. E prometeu que nunca mais iria querer flutuar sozinha!

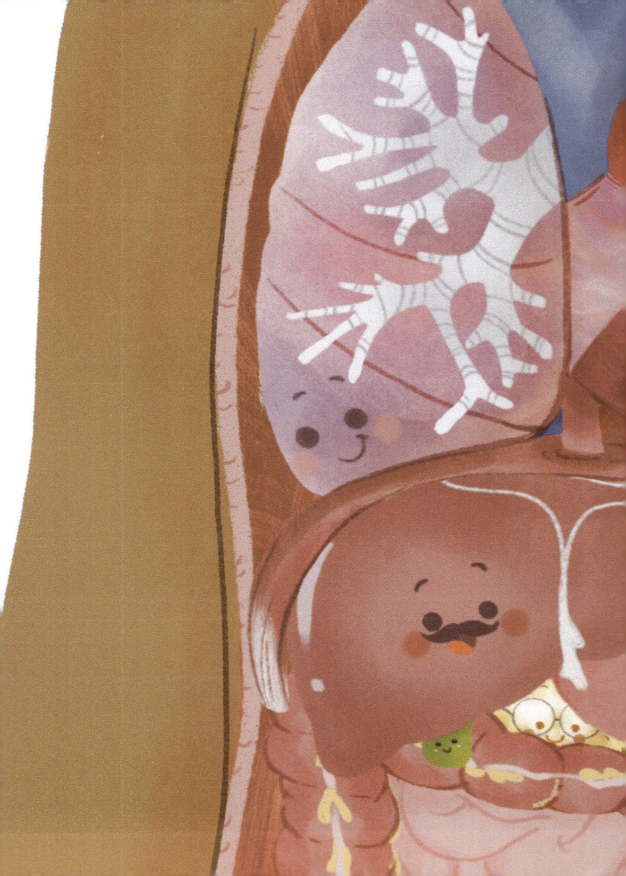